FEDERER

Un mythe contemporain

ISBN : 978-2-263-17524-4
Code éditeur : L17524
Dépôt légal : mai 2021

Retrouvez-nous sur www.solar.fr

Solar, un département d'Édi8

CHARLES HAROCHE
ET FRÉDÉRIC VALLOIS

FEDERER

Un mythe contemporain

SOLAR EDITIONS

« Un peuple doit toujours engendrer des millions d'hommes avant que ne naisse un génie. »

Stefan Zweig

Introduction

***

Quel que soit le dictionnaire que vous ouvrirez, vous ne serez jamais dépaysé à la lecture du nom « Federer ». Chaque fois, les définitions y sont flatteuses, les superlatifs nombreux, les bémols absents. Seule la tonalité, sobre ou exaltée, diffère selon la nature de l'ouvrage et les publics visés. L'Encyclopédie Larousse s'en tient à un énoncé plutôt factuel, sans fioritures : « Joueur de tennis suisse né à Bâle en 1981. Il a notamment remporté vingt tournois du Grand Chelem, ce qui en fait le joueur le plus titré en tournois du Grand Chelem[1]. Ce joueur complet à la technique hors pair, un des derniers à pratiquer le revers à une main, a dominé sa génération. » Le *Dictionnaire du tennis* de Valerio Emanuele[2] s'essaie à une définition plus percutante,

1. Toutefois, Rafael Nadal (20 titres du Grand Chelem également) et Novak Djokovic (18) pourraient prochainement le dépasser.
2. Les références complètes des publications citées sur Roger Federer et le tennis en général se trouvent dans la bibliographie finale.

introduisant des éléments liés à sa personnalité et à ses fans : « Federer est considéré comme le meilleur joueur de tennis de tous les temps. Il est le tennisman le plus titré en Grand Chelem, le plus élégant, le plus aimé du public aux quatre coins de la planète grâce à la qualité de son tennis et à son comportement sur le terrain, toujours correct et respectueux. » Les amateurs d'envolées lyriques et de formules enflammées préféreront sans doute le *Dictionnaire amoureux du tennis* de Laurent Binet et Antoine Benneteau : « Iconographie du Dieu Roger. Pas un défaut de fabrication. Pas un craquèlement sur la toile. On aurait presque envie d'apprendre quelque chose de sale sur lui, un je-ne-sais-quoi qui le rendrait humain. »

On ne sait pas si Federer a élu domicile sur l'Olympe mais il ne fait plus tout à fait partie des mortels. Cette dimension surhumaine affleure sous les nombreux surnoms qui lui ont été donnés : « le Dieu du tennis », « le Roi », « le Maître », « le Maestro », « PeRFect », « le GOAT »[1]... Son nom même, à supposer qu'on y ajoute deux accents aigus (« Fédérer »), appelle au rassemblement et à la communion autour de sa personne. Certes, il ne multiplie pas les pains ni ne change l'eau

1. Pour *Greatest of All Time* (« le meilleur de tous les temps »).

en vin, mais il résout les paradoxes et sublime les antagonismes : icône locale et mondiale, tempérament de feu et de glace, réconciliation du corps et de l'esprit, talent inné et acquis, tennis classique et révolutionnaire, chroniqueur de l'instant et historien du temps long. Parce qu'il rend toutes les combinaisons possibles, même les plus contradictoires, Federer nous confronte à une expérience réconfortante et singulière : celle de ne plus avoir à choisir. Alors que nous passons notre vie d'adulte à arbitrer, trancher et renoncer, il existe un être sur terre qui nous ramène au délicieux stade de l'enfance où l'on peut s'émerveiller de tout sans avoir à décider de rien.

Est-ce un hasard si « RF » a inspiré tant de littératures ? Selon le journaliste Simon Graf, auteur d'une biographie sur Federer, il existerait aujourd'hui une cinquantaine d'ouvrages qui lui sont consacrés. Tous les genres littéraires ont succombé au charme magnétique du Suisse : livres sportifs, biographies et témoignages de fans, bien sûr, mais aussi essais, romans et pièces de théâtre. L'article de l'écrivain américain David Foster Wallace « Roger Federer, une expérience religieuse » paru dans le *New York Times* en 2006[1] a le premier permis de penser l'expérience

1. Puis intégré dix ans plus tard dans un recueil d'écrits intitulé *String Theory*.

federienne dans sa globalité. La fiction n'est pas en reste. Le romancier John le Carré fait de la finale de Roland-Garros 2009, remportée par Federer, l'événement clé de son roman d'espionnage *Un traître à notre goût*. Grâce au romanesque, le héros suisse a tour à tour endossé les habits d'une machine à fantasmes dans *Comment j'ai couché avec Roger Federer ?* (2012) de Philippe Roi, d'un voyageur à la recherche de la gloire perdue dans *Je suis une aventure* (2011) d'Arno Bertina et d'une célébrité médiatique à abattre dans *Balles neuves* (2020) d'Olivier Chapuis. Le metteur en scène Denis Maillefer et le comédien Bastien Semenzato lui ont même consacré une pièce de théâtre, *In Love with Federer*, en 2013. La philosophie, elle aussi, s'est penchée sur l'enfant prodige de Bâle. Dans *Silences de Federer* publié en 2011, le professeur de philosophie André Scala met en avant « l'échappée cosmique » que constitue le jeu de Federer dans le spectacle sportif moderne. Et si le Suisse était un traité de philo à lui tout seul ? Le philosophe David Brunat ne dit pas autre chose dans une tribune au *Figaro* en 2018 : « Il est le surhomme nietzschéen, l'incarnation du Beau platonicien et même l'instanciation vivante de l'éternité spinoziste. » Tout un programme !

Pourtant, parmi les nombreuses histoires qui racontent Federer, une notion semble étrangement absente ou insuffisamment pensée : celle de « mythe ». Mettant en scène les exploits de personnages extraordinaires fictifs ou réels, les mythes remplissent généralement trois fonctions : conter (étymologiquement « récit fabuleux »), sacraliser (généralement par la croyance religieuse) et expliquer (l'origine et l'état du monde). Par ses prouesses tennistiques, par le récit qui s'est construit (et qu'il a construit) autour de lui, par l'immense communauté de fidèles qu'il rassemble, par la représentation idéalisée de l'humanité qu'il projette, Federer incarne la figure mythique par excellence. Il emprunte plus exactement les traits du « monomythe » décrit par l'historien Joseph Campbell dans son célèbre essai *Le Héros aux mille et un visages*[1]. Dans cette étude de mythologie comparée, l'auteur montre que tous les grands mythes de l'Antiquité à nos jours obéissent à une trame narrative semblable. Le périple du héros campbellien est composé de douze étapes, qui pourraient être résumées ainsi : appel de l'aventure ; épreuves à surmonter ; réalisation du but ; retour à la vie ordinaire ; renaissance et fin du voyage. D'Ulysse à

1. Joseph Campbell, *The Hero with a Thousand Faces*, Pantheon Books, New York, 1949 ; R. Laffont, 1977 pour l'édition française.

Luke Skywalker, de Jules César à Steve Jobs[1] en passant par Louis XIV et Napoléon, les grandes figures mythiques de l'histoire suivraient ce parcours universel et intemporel, fait d'ascension, de chute et de rédemption. Roger Federer, nous le verrons, correspond en tout point à ce schéma.

Dans leur *Dictionnaire amoureux du tennis*, Laurent Binet et Antoine Benneteau rappellent que, sur Federer, « tout a été dit et il n'y a rien à ajouter ». Est-ce si sûr ? Derrière le tennisman qui aurait – de son propre aveu – joué « deux millions de coups »[2] dans sa vie, derrière la personnalité ultramédiatisée qui fait la une des médias depuis plus de vingt ans, une part de mystère demeure. Quelque chose d'impalpable qui nous échappe encore. Federer est autant une question qu'une réponse, autant une énigme qu'une évidence. L'expérience mythique serait-elle aussi un peu mystique ? D'où vient cette impression qu'on le connaît si bien alors qu'on sait de lui finalement si peu ? Ce livre cherche à explorer et disséquer le mythe Federer.

1. Lire à ce propos : David Brunat et Antoine Dubuquoy, *Steve Jobs, figure mythique*, Les Belles Lettres, Paris, 2014.

2. Lors d'une conférence téléphonique pour la marque de luxe Moët & Chandon en janvier 2021, Roger Federer a déclaré : « En comptant tous les entraînements depuis que je suis en Juniors, peut-être ai-je frappé deux millions de fois la balle. »

À essayer de comprendre les ressorts et les moteurs de cette success-story unique en son genre. Grâce à la mythologie, l'histoire, la philosophie, la littérature, la peinture ou le cinéma, nous tenterons de proposer une nouvelle grille de lecture et d'apporter des éclairages inédits sur l'un des sportifs les plus adulés de tous les temps.

Qu'on ne se méprenne pas : ce livre ne prétend pas être un traité de federologie, froid et désincarné. Il se présente au contraire comme un essai amoureux qui, avec passion et argumentation, déclare sans détour sa flamme à « RF ». Car oui, comme des millions d'êtres humains sur cette planète, nous aimons Roger Federer. C'est cette exaltation commune qui nous a donné l'idée de ce livre. En 2007, le Maître avait confié au journaliste Roger Jaunin dans le quotidien suisse *Le Matin* : « Mon travail est de bien jouer au tennis, à vous de trouver les mots qui conviennent. » Combler le vœu de Federer ne serait pas le moindre de nos plaisirs.

« Devenir » Federer

***

Federer a-t-il toujours été Federer ? Dans ses *Confessions d'un jeune romancier*, l'écrivain italien Umberto Eco[1] raconte que nous accomplissons « un acte de référenciation » dès que nous entendons le nom d'un personnage fictif ou réel. Pour l'auteur du *Nom de la Rose*, évoquer Anna Karénine, Don Corleone, Élisabeth II ou Barack Obama dans une conversation suffit à faire naître un imaginaire peuplé de références, de représentations et de récits qui leur sont propres. Certains personnages semblent même s'arracher à leur condition de papier pour prendre place dans le monde réel : combien d'entre nous connaissent Emma Bovary sans même avoir lu le roman de Flaubert ? À l'inverse, certaines figures faites de chair et d'os sont parfois perçues comme des produits de l'imagination. Umberto Eco cite une enquête conduite en 2008

1. Umberto Eco, *Confessions d'un jeune romancier*, Grasset, Paris, 2013.

révélant que, pour un cinquième des adolescents britanniques, Winston Churchill, Gandhi et Charles Dickens n'ont jamais existé… contrairement à Sherlock Holmes et Eleanor Rigby !

Roger Federer est un mythe hybride dans lequel réel et imaginaire s'entremêlent. Il y a vingt ans, les joueurs du circuit abordaient probablement le plus normalement du monde une rencontre face au Suisse ; au mieux manifestaient-ils une certaine curiosité à l'idée d'affronter ce jeune tennisman talentueux et irascible. Aujourd'hui, rares sont les joueurs à ne pas être intimidés par la montagne suisse et à ne pas en éprouver un complexe d'infériorité. En mai 2019, le prometteur Italien Matteo Berrettini confessait « ne pas être pressé » à l'idée de rencontrer « le mythe Federer ». Début 2021, Nick Kyrgios disait de « Roger » qu'il « vous donne parfois l'impression d'être vraiment mauvais au tennis ». Car affronter le Maître, c'est défier plusieurs adversaires à la fois : le joueur qu'il est, l'histoire qu'il écrit et la représentation qu'on s'en fait.

Certes, Roger Federer n'est pas né dans le cerveau d'un écrivain ou d'un scénariste mais bien le 8 août 1981 à Bâle d'un père suisse, Robert Federer, et d'une mère sud-africaine, Lynette Durand. En dépit des apparences, il lui a fallu énormément travailler pour atteindre le firmament du tennis. En vingt ans, il n'a cessé de peaufiner son jeu, parfaire son mental, perfectionner son physique. Le mythe Federer, lui, est né dans le regard des autres : joueurs, médias, public. Il faut dire que la carrière du Suisse épouse à merveille le « monomythe » théorisé par l'historien Joseph Campbell. Un héros qui « s'aventure hors du monde de la vie habituelle et pénètre dans un lieu de merveilles surnaturelles [...] Y affronte des forces fabuleuses et remporte une victoire décisive [...] Revient de cette aventure mystérieuse doté du pouvoir de dispenser des bienfaits à l'homme, son prochain. » C'est en accomplissant cette odyssée que Roger est « devenu » Federer. Mais comment l'homme parvient-il à vivre avec cette épopée qui le dépasse ? Le mythe Federer n'a-t-il pas, paradoxalement, été d'autant plus puissant qu'il a été humain ?

Un récit nommé Federer

Pour Joseph Campbell, l'aventure du héros mythologique suit un itinéraire type marqué par l'accomplissement de rites de passage et le franchissement de seuils symboliques. En ce sens, la quête perpétuelle de trophées fait sans doute du tennis, sport individuel le plus pratiqué et le plus médiatisé au monde, un terrain de jeu propice à la naissance des mythes. Trois étapes principales jalonnent le parcours du héros : la séparation avec le monde ordinaire (Prométhée[1] à qui Zeus demande de créer la vie sur terre), l'initiation et la confrontation à des forces supérieures (Prométhée qui dérobe le feu aux dieux) et le retour vivificateur (Prométhée qui rapporte le feu aux hommes).

Tout le parcours de Roger Federer, notamment entre 1998 et 2008, peut se lire à l'aune de ce récit archétypal. Le mythe federien commence, comme toutes les épopées, par « un geste maladroit – dû apparemment au plus grand des hasards – qui dévoile aussitôt un monde insoupçonné ». Un hasard providentiel a voulu que l'on place dans les mains d'un petit garçon de trois ans une raquette en bois. Il reste de ce premier contact avec la balle jaune quelques photos d'un album de famille et, déjà, un certain sens du geste. Et si « la main de Dieu » n'était pas née en 1986 à Mexico mais quelques années plus tôt à Bâle et qu'elle n'était pas le fait d'un footballeur argentin mais d'un tennisman suisse ?

1. Fils de Japet et de Clymène, Prométhée (littéralement « le Prévoyant ») est un Titan connu dans la mythologie grecque pour avoir dérobé le feu sacré aux dieux et en avoir fait don aux hommes.

La séparation

Alors qu'il a 8 ans, Robert et Lynette Federer décident d'inscrire leur fils au Tennis Club Old Boys (TCOB), un club de tennis privé de Bâle. Comme tous les enfants de son âge, le jeune Roger s'entraîne inlassablement contre un mur où il s'imagine remporter Wimbledon à chaque frappe. C'est à un entraîneur tchèque, Seppli Kacovsky, que revient la lourde tâche de faire éclore le potentiel de ce garçon infernal et colérique. « Il disait à tout le monde qu'il voulait devenir le numéro 1 mondial et tout le monde riait », raconte notamment Madeleine Bärlocher, ancienne responsable du mouvement Juniors du TCOB, au quotidien Suisse *Le Temps*. Très vite, l'enfant est attiré, pour ne pas dire « aimanté », par le jeu. Sa mère, Lynette, le décrit comme un garçon très actif adorant tous les sports. Avant de faire le choix du tennis, le jeune Federer touche à tout et joue, selon ses propres dires, avec « toutes les balles » qui passent à proximité : tennis mais aussi football, ping-pong, squash, badminton… Comme le souligne le journaliste sportif David Epstein[1], la réussite de « RF » s'enracine certainement dans une préférence pour l'éducation sportive généraliste au

1. David Epstein, *Range: Why Generalists Triumph in a Specialized World*, Riverhead Books, New York, 2019.

détriment de l'hyperspécialisation précoce. Dans la biographie qu'il lui consacre, le journaliste Roger Jaunin rapporte la fascination quasi métaphysique que Federer voue aux sports de balle : « Ils ont une dynamique qui leur est propre. Comment une balle rebondit-elle, quel effet produit-elle, comment se comporte-t-elle sur différentes surfaces ? » À 12 ans néanmoins, il arrête le football pour se consacrer au tennis. Un choix de parcours qu'il partage d'ailleurs avec son meilleur rival, Rafael Nadal.

Le premier match de Roger Federer en compétition, au tournoi de Pratteln dans la banlieue de Bâle, n'est guère reluisant. Âgé de 10 ans, il s'incline contre un adversaire de trois ans son aîné, Reto Schmidli, sur le score sans appel de 6-0, 6-0. Ce sont les premières et dernières « deux roues de bicyclette » qui lui seront infligées au cours de sa carrière ! Devenu agent de police municipale, Reto Schmidli reviendra régulièrement sur cette anecdote pour exhiber, non sans humour, sa fierté « d'être resté invaincu face au Maître ». Cette déconvenue initiale ne décourage pas Roger Federer. En 1993, il approche les grands joueurs du circuit professionnel en tant que ramasseur du tournoi de Bâle (dont il fera par la suite un passage obligé de chacune de ses saisons). À 14 ans, il décide de son propre chef de rejoindre le centre de tennis-études que la fédération suisse de tennis vient d'ouvrir à Ecublens, près de Lausanne, dans la partie francophone du pays. Ses parents apprennent la nouvelle en lisant une interview que l'adolescent accorde à un magazine de tennis local... Désormais, et pour reprendre la formule de Joseph Campbell, « le héros peut se mettre en route, mû par un désir personnel d'accomplir l'aventure ». C'est l'heure de la « séparation » définitive avec le monde ordinaire.

Le refus de l'appel

Roger Federer décrit souvent Ecublens comme l'une des périodes les plus marquantes de sa vie. « Durant les neuf premiers mois, j'ai eu énormément le mal du pays. Mes résultats ont chuté, je manquais de confiance. Je ne parlais pas la langue. J'avais vraiment du mal. Finalement, les résultats ont commencé à revenir et je me suis senti plus à l'aise. Ce fut donc un séjour assez difficile », racontera le joueur, malgré la bienveillance de sa famille d'accueil (la famille Christinet). Ce nouveau cycle dans le parcours du Suisse inaugure la prochaine étape du monomythe campbellien où « le héros, prisonnier d'un dur et pesant labeur, perd toute possibilité de s'affirmer par une action signifiante et devient une victime à sauver » et où « son monde fleuri devient un désert de pierres desséchées et sa vie lui paraît comme privée de sens ».

Roger Federer fait ses débuts professionnels en juillet 1998 et perd son premier match au tournoi ATP de Gstaad contre l'Argentin Lucas Arnold Ker. Lorsqu'il remporte quelques semaines plus tard le tournoi de Wimbledon Juniors sans concéder le moindre set, il éveille la curiosité des médias suisses[1]. Sa première année complète sur le circuit en 1999 est convaincante : elle lui permet d'accéder à la 64e place mondiale en fin de saison et de s'assurer une certaine indépendance financière. En 2000, il dispute sa première finale à Marseille, où il s'incline contre son compatriote Marc Rosset. Le Bâlois manque même de peu la médaille de bronze aux Jeux olympiques de Sydney contre le Français Arnaud Di Pasquale. Ce dernier, interrogé par *Le Parisien* en 2018, rappelle que déceler en Federer un futur géant de son sport n'avait rien d'une évidence à l'époque : « On voyait bien qu'il y avait quelque chose en plus chez lui mais ça n'était pas non plus une garantie. » Capable du meilleur comme du pire, le Suisse brille surtout par son inconstance. « Au niveau

1. À l'époque, la télévision suisse francophone prononce encore le « Roger » à la française…

du jeu et des coups, il y avait quelque chose mais au niveau comportement, ça n'était pas bon », se souvient Arnaud Di Pasquale.

Les admirateurs du Maestro qui se sont ralliés à sa flamboyance sur le tard auraient bien du mal à reconnaître « leur » Federer au tournant des années 1990-2000. Son style vestimentaire et son tempérament colérique, certes moins tourné contre ses adversaires que contre lui-même, sont à des années-lumière de ses standards futurs. Depuis Ecublens, Federer traîne une mauvaise réputation : « Vous ne pouvez pas imaginer à quel point j'ai maltraité mes raquettes au début de ma carrière », avoua-t-il un jour en conférence de presse, penaud. « Elles volaient de partout comme des hélicoptères et je n'arrêtais pas de me faire virer des entraînements quand j'avais 16 ans. » Cette colère camouflait une réelle émotivité : enfant, il se cachait pour pleurer lorsqu'il perdait un match. Le jeune joueur pouvait même perdre ses nerfs lorsqu'un de ses coups, même gagnant, n'était pas exécuté parfaitement.

Deux matchs auraient fait prendre conscience à Federer de la nécessité de changer radicalement d'état d'esprit. En 2001, lors du Masters de Rome, il est opposé au fantasque joueur russe Marat Safin[1]. Cette fois-là, le Suisse, bien que victorieux, martyrise sa raquette comme rarement : il la jette, la frappe, la casse… En regardant plus tard à la télévision un résumé du match, Federer aurait été saisi par l'image désastreuse qu'il renvoyait sur le court. La semaine suivante au tournoi de Hambourg, Federer explose sa raquette sous la chaise de l'arbitre après sa défaite contre l'Argentin Franco Squillari[2] et se jure dans la foulée de « ne plus dire un mot ». Il tiendra promesse, à de rares exceptions près (en 2005 contre Rafael Nadal à Miami ou en 2009 contre Novak Djokovic, toujours à Miami).

L'aide providentielle

Chaque personnage héroïque trouve sur son chemin une « influence bienveillante » qui l'aide à renouveler l'assurance en son propre destin. Le cinéma hollywoodien a exploité ce schéma jusqu'à la corde : Luke Skywalker avait Yoda ou Obi-Wan dans *Star Wars*, Rocky Balboa avait Mickey Goldmill dans *Rocky*, Neo avait Morpheus dans *Matrix*. Lorsqu'il quitte le centre d'Ecublens, Federer croise sur sa route deux hommes appelés à jouer un rôle clé dans sa carrière : le génial

1. 4-6, 6-4, 7-6.
2. 6-3, 6-4.

Suisse Pierre Paganini, qui reste encore à ce jour son préparateur physique, et Peter Carter, que la fédération suisse de tennis a recruté pour s'occuper du jeune champion. L'ancien joueur australien (173e au classement ATP) n'est pas son entraîneur à proprement parler, plutôt celui qui l'aide à bâtir une identité de jeu. Le merveilleux revers à une main de « RF » porte sa signature, à une époque où le développement des revers à deux mains est aussi intensif que l'élevage des poulets en batterie. Le rôle de Peter Carter dépasse le cadre tennistique. Il se mue aussi en psychologue, s'évertuant à canaliser le volcan qui sommeille en Federer et ne demande qu'à entrer en éruption à la moindre contrariété. Malgré la relation particulière qui l'unit de longue date à Peter Carter, le prodige suisse choisira en 2000 comme premier « véritable » entraîneur un ancien joueur du circuit mieux classé et plus expérimenté : le Suédois Peter Lundgren. Cela étant, l'Australien restera toujours très proche du joueur.

Pete Sampras, le gardien du premier seuil

En 2001, Federer progresse nettement. Titré à Milan et quart-de-finaliste à Roland-Garros, il devient tête de série numéro 15 à Wimbledon. Mais en ce 3 juillet 2001, le classement a-t-il encore une importance ? En huitième de finale, il affronte le septuple vainqueur des lieux, Pete Sampras, l'une de ses idoles de jeunesse. Federer aborde alors un moment clé de son voyage initiatique : le passage du premier seuil. Après 3 h 41 d'un match haletant, le jeune loup suisse terrasse le vieux lion américain[1]. Pete Sampras adoube son rival dans lequel il voit un égal : « S'il continue ainsi, Roger a des chances d'aller jusqu'au bout de la quinzaine [...]. Son comportement sur le court est très similaire au mien. Il est très relax et ne manifeste pas trop d'émotions. »

Cette première (et seule) confrontation entre Federer et Sampras a longtemps été analysée comme « un choc des générations » et « une passation de pouvoir ». Cette lecture quelque peu anachronique des événements ne doit pas faire oublier que le Suisse a encore tout à prouver au-delà de cette victoire de prestige et qu'il est d'ailleurs éliminé dès le tour suivant par le Britannique Tim Henman[2].

Le ventre de la baleine

Des attentes immenses sont placées dans ce jeune premier qui attire l'œil des caméras. La période étrange

1. 7-6, 5-7, 6-4, 6-7, 7-5.
2. 7-5, 7-6, 2-6, 7-6.

qui s'ouvre après l'exploit face à Sampras s'apparente au passage du « ventre de la baleine » dans la trame du monomythe. Après avoir franchi le premier seuil, le héros se retrouve « englouti dans l'inconnu et semble avoir succombé à la mort ».

L'année 2002, en effet, s'avère délicate pour Federer. Après sa victoire au Masters de Hambourg sur terre battue, le Suisse arrive à Roland-Garros dans la peau d'un favori mais son premier tour tourne rapidement au désastre : le Bâlois manque son entrée en lice face au Marocain Hicham Arazi, vainqueur en trois sets secs[1]. Le quotidien suisse *Le Temps* fait sa une sur « le cauchemar de Roger Federer ». À Wimbledon, Federer se prend à nouveau les pieds dans le tapis, défait au premier tour[2] par le qualifié Croate Mario Ančić. Il devient pour *The Guardian* « la plus grande victime de ce début de Wimbledon ».

Son élimination prématurée au tournoi de Toronto quelques semaines plus tard est anecdotique au regard de la tragédie intime qu'il vit. À 21 ans, il fait le terrible apprentissage de l'absurdité et de la fragilité de

1. 6-3, 6-2, 6-4.
2. 6-3, 7-6, 6-3.

l'existence. Son mentor et ami, Peter Carter, trouve la mort dans un accident de voiture lors d'un safari en Afrique du Sud. Le jeune Suisse est dévasté par la nouvelle. À des journalistes qui l'interrogent sur sa marge de progression tennistique, il répond, inconsolable : « Actuellement, je ne me demande pas ce qu'il faut faire pour gagner un Grand Chelem, mais ce que je fais sur un terrain. » Federer restera toute sa vie marqué par cet événement dramatique. De son propre aveu, la mort de Peter Carter agira aussi sur lui comme un véritable appel au sursaut et un puissant moteur de motivation. Interviewé par CNN en 2019, il dira, sans pouvoir retenir ses larmes, avoir tout fait pour que les rêves placés en lui par Peter Carter ne restent pas des chimères.

Cependant, Federer traverse les mois suivants comme une ombre. Sa défaite au premier tour de Roland-Garros en 2003, face au Péruvien Luis Horna[1], ravive les doutes quant à sa capacité à éclore au plus haut niveau. « Après Roland-Garros 2003, les gens s'interrogeaient », rappellera-t-il au cours d'une interview en 2019. C'est finalement le 6 juillet 2003 que Roger Federer soulève son premier trophée du Grand

1. 7-6, 6-2, 7-6.

Chelem, à Wimbledon, après une victoire en trois sets contre l'Australien Mark Philippoussis[1]. Une victoire qu'il s'empresse de dédier à Peter Carter : « Il est l'une des personnes les plus importances dans ma carrière [...]. On aurait fait une sacrée fête s'il avait été là. J'espère qu'il me voit de là où il se trouve. »

Le chemin vers la gloire

Quand exactement Roger Federer commence-t-il à être perçu comme un dieu du tennis ? Pour Maxime Battistella, journaliste tennis sur Eurosport, l'évidence s'impose très rapidement dans l'œil des spécialistes et des spectateurs : « Après l'US Open 2004, alors même que Federer n'a que quatre tournois du Grand Chelem en poche, McEnroe déclare déjà qu'on a face à nous l'un des plus grands joueurs de tous les temps. » Entre 2004 et 2008, Federer règne sans partage sur la planète tennis. Durant ces quatre années, il inscrit douze titres du Grand Chelem à son palmarès sur vingt possibles. La quasi-invincibilité du Suisse fait entrer le monde de la balle jaune dans une ère de *Pax Federerica* que seul Rafael Nadal tente de contester.

1. 7-6, 6-2, 7-6.

Les superlatifs abondent pour évoquer celui que l'on surnomme désormais « le Maître ». Dans un portrait de 2006 que lui consacre la journaliste Patricia Jolly pour *Le Monde*, on apprend que « John McEnroe et Mats Wilander rêvent tout haut de jouer comme lui », qu'« Ivan Lendl se régale à disséquer ses entraînements » et que Rod Laver, la légende australienne aux onze titres du Grand Chelem, « est honoré de lui être comparé ». Le Maestro se retrouve alors en possession de ce que Joseph Campbell appelle le « don suprême », c'est-à-dire la reconnaissance de ses illustres prédécesseurs. Sur le terrain, le Suisse dégage une incroyable impression de facilité et de décontraction. Son caractère, aussi, évolue : le volcan Federer devient un roc de glace que rien n'ébranle désormais. Pour reprendre les termes campbelliens, « l'aisance avec laquelle le héros de ce conte mène à bonne fin son aventure signifie que c'est un homme supérieur, fait pour être roi ».

Un héros humain

Pour la plupart des fans, « l'épiphanie » federienne remonte à cette ère d'ultra-domination des années 2000. Elle découle d'une admiration extrême pour le joueur, son tennis impeccable, ses coups léchés, ses déplacements aériens. Elle résulte aussi d'un attachement profond pour l'homme qui, une fois le match terminé, retourne à sa condition de mortel et laisse transparaître ses émotions. Rappelons que Federer est avant tout un être ordinaire propulsé dans une situation extraordinaire et appelé à vivre des aventures fabuleuses. Héros lointain dont les performances sportives nous dépassent, le Suisse a dans le même temps un côté « humain très humain » (et pas « humain trop humain », comme dirait Nietzsche) qui le rend sympathique et accessible. Cette humanité décuple en retour la puissance de son mythe.

Le mari, le père, l'homme

Pour comprendre l'homme, il faut d'abord comprendre qui est *derrière* lui. Le philosophe David Brunat nous rappelle que Federer a été « entouré de bonnes fées » qui l'ont aidé, soutenu, guidé tout au long de son parcours. Ces anges protecteurs se sont penchés sur lui dès le départ (sa famille) ou en cours de route (son équipe). Une fée en particulier a joué un rôle central dans la construction du puzzle Federer : Miroslava Vavrinec plus connue sous le nom de « Mirka ». Suissesse originaire de Slovaquie, Mirka, qui s'initie au tennis après une rencontre avec la championne Martina Navratilova, entame une carrière professionnelle et se hissera jusqu'à la 76e place du classement WTA en 2001. En 2000, alors qu'elle participe aux JO de Sydney, elle fait la rencontre sur le village olympique du jeune Roger Federer. Le couple se mariera en 2009, et naîtront de leur union des jumelles (Charlene Riva et Myla Rose en 2009) puis des jumeaux (Leo et Lenny en 2014). En 2002, une blessure récurrente au pied oblige Mirka à s'éloigner prématurément du circuit. Elle décide alors de s'impliquer dans la carrière son compagnon, jouant à la fois le rôle d'agent et d'attachée de presse.

Toujours dans l'ombre, Mirka est à la fois la femme et la conseillère du prince. Marc Rosset estime qu'elle est « pour 50 % dans la réussite de Roger ». L'intéressé ne manque jamais de lui rendre hommage. « Aucune femme ne supporterait autant de tennis [...]. Sans son soutien, je ne jouerais plus depuis un moment », pointait-il après sa victoire à l'Open d'Australie en 2018. Une anecdote survenue lors de la finale de Wimbledon en 2008 révèle l'étendue de son influence. Alors que Federer est mené deux sets à zéro contre Nadal, Mirka profite de l'interruption du match due à la pluie pour tenter de remobiliser son compagnon. Secoué par sa moitié, le Suisse revient à deux sets partout avant de s'incliner 9-7 au cinquième set, à la nuit tombée et au terme d'un des plus beaux matchs de l'histoire du tennis[1]. Pour les fans du Maestro, le visage de Mirka en tribune fait souvent office de baromètre. En fonction des émotions affichées sur son visage, le spectateur peut mesurer le niveau de décontraction ou d'inquiétude au sein du clan suisse.

Qui est, au fond, Roger Federer ? De nombreux joueurs sur le circuit le décrivent comme un homme détendu, sympathique, affable, volontiers chambreur et déconneur… L'Américain Andy Roddick, après sa finale perdue contre lui à Wimbledon en 2005[2], se rend à l'évidence : « J'adorerais pouvoir te détester mais tu es simplement trop gentil. » Dans son autobiographie, l'Italien Fabio Fognini loue tout autant le jeu que les qualités humaines du Suisse, « un homme gentil qui veut rire et plaisanter avec tout le monde ». Federer se distingue aussi par sa bienveillance. L'Américain James Blake, qui heurte le poteau du filet et se blesse lors d'une séance d'entraînement en marge du Masters de Rome en 2004, raconte que Federer prendra le temps, entre deux matchs, de lui adresser une note de bon rétablissement rédigée de sa propre main. Cet état

1. 6-4, 6-4, 6-7, 6-7, 9-7.
2. 6-2, 7-6, 6-4.

d'esprit lui aurait été insufflé par Peter Carter, dont le Suisse dira : « Il m'a appris à respecter chaque personne, à accorder la même importance à tout le monde, célébrité ou anonyme. » En 2018, quelques jours après avoir soulevé son vingtième trophée majeur à l'Open d'Australie, il fait parvenir un mot à son éternel rival Rafael Nadal, contraint à l'abandon en quart de finale, en lui « souhaitant le meilleur ».

Défaites et larmes de Federer

Derrière le mythe inébranlable qu'il incarne, derrière le « monstre » assoiffé de titres qu'il a créé[1], derrière la façade en béton armé qu'il s'est forgée, Roger Federer reste un héros profondément humain à qui il arrive de souffrir et de douter. Peu avant sa finale à Wimbledon en 2017, il confesse : « Quand je suis stressé, mon mouvement est lent, mon pouls s'accélère et mon esprit est inondé d'un million d'idées parasites. Mais c'est naturel, c'est même bon signe d'être stressé, ça signifie que ce qu'on fait a de l'importance. » Et il a raison : dans *Astérix et les Normands*[2], les guerriers du Nord

1. Après sa défaite contre Novak Djokovic en demi-finale de l'Open d'Australie 2008, Federer (affaibli par une mononucléose) déclare : « J'ai créé un monstre et maintenant je dois gagner tous les tournois que je dispute alors qu'en réalité une demi-finale, ce n'est pas mal. »
2. René Goscinny et Albert Uderzo, *Astérix et les Normands*, Hachette, 1966.

et leur chef Olaf Grossebaf viennent jusqu'en Gaule pour « connaître la peur » car elle donne, paraît-il, des ailes… Mais quoi ? Le grand Roger Federer serait-il parfois comme nous sujet à la peur, rattrapé par la pression, assailli par l'angoisse ? Durant sa carrière, il a subi 24 défaites en ayant eu au moins une balle de match. À titre de comparaison, Novak Djokovic n'a connu que trois fois ce scénario cruel, et Rafael Nadal sept fois. « Le premier point et les premiers jeux, c'est dur. Je me fais plaisir vraiment plus tard dans le match, une fois ce cap passé. J'aimerais vous dire que, quand je rentre sur le terrain, c'est le meilleur moment, le central de Wimbledon, les gens, tout ça… Mais non ! » admet-il.

Si elle s'est révélée dans ses doutes, l'humanité de Roger Federer s'est aussi dévoilée dans ses défaites. Contrairement au *happy end* des superproductions hollywoodiennes, le héros suisse n'a pas toujours gagné à la fin. Pas souvent, certes, mais suffisamment pour que ses défaites passent à la postérité. Dans dix ou vingt ans, l'histoire du tennis retiendra certainement son premier sacre à Wimbledon en 2003, son épopée victorieuse à Roland-Garros en 2009 ou son retour homérique à l'Open d'Australie en 2017 mais elle ne pourra pas effacer cette finale dantesque perdue contre

Nadal en 2008 à Wimbledon ni celle, cruelle, perdue contre Djokovic en 2019, toujours à Wimbledon. « C'est certainement de mes défaites que j'ai le plus appris », reconnaît-il dans une interview au magazine *Numéro* en mars 2021. Vainqueur héroïque, perdant magnifique, le Maître aura excellé dans ses triomphes comme dans ses échecs. Il aura même rendu ces derniers attachants, peut-être aussi parce que, comme le souligne le journaliste et écrivain Laurent-David Samama dans *Éloge de la défaite*[1], les défaites revêtent finalement un caractère plus « sincère » et plus « authentique » que les victoires. Voir Federer perdre nous aura fait beaucoup souffrir (Wimbledon 2019 nous hante encore) mais nous aura fait l'aimer d'autant plus. Alexandre Bompard, PDG du groupe Carrefour, nous confie d'ailleurs que le caractère « déraisonnable » de sa passion pour le Suisse s'est renforcé avec sa défaite à Wimbledon en 2008.

Est-ce un hasard si les finales de Grands Chelems, gagnées comme perdues, ont régulièrement été suivies de larmes ? « Les larmes manifestent l'émotion, de l'œil humide aux flots de pleurs, du regard brouillé aux sanglots », indique l'historienne Anne Vincent-Buffault

1. Laurent-David Samama, *Éloge de la défaite – Dialogue avec Jérémie Peltier*, L'Aube, La Tour-d'Aigues, 2020.

dans son *Histoire des larmes*[1]. En vingt ans de carrière, toutes les variations de cette palette lacrymale ont défilé sur le visage du Suisse ! Elles ont même démontré une certaine contagiosité puisque l'Écossais Andy Murray, défait par Federer à Wimbledon en 2012[2], lança dans un éclair teinté d'amertume et de lucidité : « Je peux pleurer comme Roger. En revanche, je ne peux pas jouer comme lui. » La sensibilité d'après-match du Suisse n'est-elle pas la contrepartie inévitable de son self-control pendant le match ? Sans doute peut-on trouver ici l'une des clés du succès et de la popularité du Maître : être parvenu à dompter ses émotions sur le court sans jamais chercher à les nier ou à les enfouir ailleurs. Réconfortantes en un sens, les larmes de Federer nous rappellent que, derrière le héros, l'homme n'est jamais bien loin et que, sitôt sa quête achevée, il retrouve sa place parmi les siens.

1. Anne Vincent-Buffault, *Histoire des larmes*, XVIIIe-XIXe siècles, Payot, Paris, 2001.
2. 4-6, 7-5, 6-3, 6-4.

L'homme de la synthèse

***

« Roger Federer joue au tennis comme le tennis doit être joué. » Est-il plus bel hommage que celui rendu par la légende australienne Rod Laver[1] à son descendant suisse ? Cette apologie du federisme offre différents niveaux de lecture. On peut y voir la référence à un tennis des origines, Eldorado ou Eden, régi par une instance supérieure et pratiqué dans une forme chimiquement pure. On peut y lire la rencontre miraculeuse entre un athlète et son sport comme celle d'un homme et d'un peuple en politique. On pourrait même y déceler le signe d'une fusion absolue entre un artiste et son art, comme si Federer ne *jouait* pas au tennis mais *était* le tennis.

Toutefois, ce magnifique éloge n'en reste pas moins énigmatique. « Roger Federer joue au tennis comme

1. Entretien avec Barry Flatman, *Sunday Times*, février 2007.

il doit être joué. »… Certes, mais comment, au juste ? défensif ou offensif ? en fond de court ou à la volée ? en toucher ou en puissance ? La phrase de Rod Laver semble privilégier la piste classique à la voie révolutionnaire. Et pourtant, il ne viendrait à l'idée de personne d'affirmer que le prodige suisse s'est contenté de perpétuer une tradition, aussi brillante soit-elle.

Avant d'entrer dans le champ du sport, ce débat entre classicisme et modernisme a beaucoup agité l'histoire des arts. On pense spontanément à la querelle des Anciens et des Modernes qui a enflammé la scène littéraire française à la fin du XVIIe siècle. Pour les premiers (parmi lesquels Boileau, Racine, La Fontaine ou La Bruyère), la création devait s'inscrire dans la continuité des auteurs de l'Antiquité, période censée incarner l'idéal et la perfection artistique. À l'inverse, les seconds (dont Perrault, Molière ou Corneille) rejetaient le modèle classique et prônaient la recherche de formes nouvelles. Cette controverse est également apparue dans le monde des arts plastiques, notamment au XIXe siècle, dans la peinture française, entre Ingres le représentant de la ligne classique et Delacroix le chantre de la couleur fougueuse. On pourrait multiplier à l'envi les exemples de ce type dans la musique, la sculpture ou le cinéma.

À quelle catégorie appartient Roger Federer ? Difficile à dire, tant et si bien qu'on serait tenté de répondre « les deux ». « Roger Federer a sublimé les bases classiques du tennis », estime l'actuel directeur de la Communication de Rolex et ancien joueur, Arnaud Boetsch. « Il a fait la révolution par le classicisme », lui fait écho Antoine Benneteau. Le Maître s'est en effet inspiré du tennis offensif de ses idoles (Edberg, Becker et Sampras, tous dotés d'un revers à une main) tout en y apportant davantage de variété et de subtilité. « Le changement dans la continuité », aurait dit Georges Pompidou. « Et en même temps », aurait ajouté Emmanuel Macron. « L'art de la synthèse », aurait conclu François Hollande. Pas une synthèse minimaliste construite autour d'un plus petit dénominateur commun, mais une synthèse amplificatrice qui prendrait le meilleur de chaque courant pour l'intégrer dans un ensemble augmenté. Trait d'union entre différentes générations et inspirations, Roger Federer est bel et bien un *homo tennisticus* unique. Artiste total, tennisman total ?

Un tennis conjugué au plus-que-parfait

À la différence des héros Marvel, Roger Federer n'a pas de faille. Ou presque. Les éloges pleuvent comme à

Gravelotte dès qu'il s'agit de qualifier le jeu du Suisse, de Rod Laver (« il n'existe aucun joueur aussi complet et je crois qu'il n'en a jamais existé ») à Sampras (« il n'a aucun point faible ») en passant par McEnroe (« le joueur le plus parfait qui soit »). Et c'est vrai : Roger Federer, pour qui la raquette ne semble être qu'une extension du bras, a porté les coups du tennis à un degré de beauté et d'efficacité jamais vu jusqu'alors. « Même à le regarder s'échauffer, on prend son pied », s'extasiait l'écrivain Philippe Delerm dans une tribune au *Monde* en 2014. Ce bagage technique exceptionnel a été mis en valeur par une condition physique qui ne l'est pas moins, mais qui passe souvent au second plan lorsqu'il s'agit d'expliquer son jeu étincelant.

Une panoplie de superpouvoirs

Les trous dans la raquette, très peu pour lui. Roger Federer possède une large et redoutable palette de coups qui le rend unique sur le circuit. Jugeons sur pièce.

Le coup droit, d'abord. À la fois son baromètre et son arme fatale. Il peut le frapper dans n'importe quelle position et toucher toutes les zones du court. L'accélération phénoménale que Roger Federer imprime à son avant-bras et à son poignet permet de donner à son coup droit à la fois beaucoup de puissance et beaucoup d'effet. David Foster Wallace a comparé le geste du Maestro à un « grand fouet liquide », Philippe Delerm, à un instant de grâce où « pendant une fraction de seconde, Federer n'est plus tout à fait dans le match, mais dans sa bulle idéale »[1]. S'il n'a pas la force d'un Juan Martin del Potro ou d'un Fernando González, le coup droit du Suisse impose à ses adversaires une urgence asphyxiante. Richard Gasquet, qui a affronté Federer une vingtaine de fois dans sa carrière, le reconnaît : « Quand Roger frappe bien son coup droit, on ne peut tout simplement pas respirer. Il prend la balle tôt et bam, bam, bam, vous n'avez pas le temps de vous défendre. »[2] Toni Nadal y voit « le meilleur coup droit du monde », plus performant même que celui de son neveu. Le caractère imprévisible du coup droit de Federer en fait aussi un atout redoutable. L'écrivain et entraîneur américain John Yandell en a recensé pas moins de vingt-sept variations différentes… Le magicien a plus d'un tour dans son sac. Il faut dire que ce coup lui a rendu bien des services tout au long de sa

1. Philippe Delerm, *La Beauté du geste*, Seuil, Paris, 2014.
2. Les citations de ce chapitre sont, sauf indication contraire, tirées de la biographie de Mark Hodgkinson, *Le Maître Federer,* et du hors-série du journal *L'Équipe,* « Federissime ».

carrière : triompher de Sampras sur un retour gagnant à Wimbledon en 2001, sauver une balle de break et quasi de match contre Tommy Haas à Roland-Garros en 2009, transpercer Nadal dans un point d'anthologie à l'Open d'Australie en 2017… L'intéressé a même confié que le coup droit était son coup favori « parce que la sensation est extraordinaire, comme quand tu frappes un coup de golf de manière parfaite ».

Son service, ensuite, présente un rendement aussi efficace que son coup droit. Il en partage d'ailleurs certains attributs : précis, varié, illisible. Le lancer de balle est toujours impeccable, l'appui bien ancré au sol, le mouvement de balancier délié, la poussée verticale franche… Bref, un modèle du genre et une assurance tous risques. Là encore, le service de Federer n'est pas le plus rapide du circuit mais il est toujours bien placé. Son lancer neutre le rend quasi indéchiffrable, même pour les meilleurs relanceurs. L'ancien joueur et entraîneur français Patrice Dominguez, également auteur d'un livre sur Federer (*Le Virtuose*), raconte une anecdote éloquente à ce sujet : « Aux Jeux olympiques de Pékin en 2008, je m'étais amusé à demander à un certain nombre de joueurs quel coup ils aimeraient emprunter aux champions du moment. Tous, vraiment tous, m'ont répondu qu'ils enviaient le service de Federer. » Les chiffres sont là pour le prouver : avec 11 344 aces au cours de ses 1 449 matchs officiels[1] (soit presque 8 aces par match), Federer est le troisième meilleur serveur de l'histoire derrière les géants Karlović et Isner[2], loin devant Djokovic (5,4 aces en moyenne par match) et Nadal (2,6 aces en moyenne par match). Ce coup a permis au Suisse de marquer beaucoup de points mais aussi de ne pas ou peu en concéder. Son ratio doubles fautes/matchs joués figure parmi les plus faibles du circuit[3]. L'évolution de son service[4] est aussi pour beaucoup dans la diminution significative de ses doubles fautes tout au long de sa carrière (3 doubles fautes par match en 2001 contre 1,5 en 2019). Associé à un mental hors norme, ce coup lui a souvent permis de s'extirper de situations mal engagées. Laurent Binet et Antoine Benneteau relèvent cette autre statistique de l'ATP selon laquelle Federer a gagné 30 % des jeux où il était mené 0-40. Ce ratio est de loin le plus élevé parmi les membres du Top 10.

1. Ces chiffres ne prennent pas en compte les matchs joués depuis son retour sur le circuit en mars 2021.
2. Respectivement 2,11 m et 2,08 m.
3. Sur la saison 2019, seulement 100 pour Federer, 121 pour Nadal et 168 pour Djokovic.
4. Avec l'âge et ses problèmes de dos, Roger Federer a modifié son service vers une gestuelle moins traumatisante (lancer de balle moins haut et amplitude plus forte).

Le revers, enfin, est à la fois le coup le plus beau et le plus vulnérable de la panoplie Federer. C'est aussi celui qui a le plus changé en deux décennies. Entendons-nous bien : l'idée de vulnérabilité apparaît toute relative quand on parle d'un joueur qui a remporté vingt tournois du Grand Chelem. Mais il est vrai que le revers à une main du Suisse a longtemps été en souffrance face au coup droit croisé hyperlifté de son éternel rival, Rafael Nadal, notamment sur terre battue. L'Espagnol n'a jamais fait mystère de son plan simple mais efficace : « Si je dois frapper vingt fois sur le revers de Federer, je le ferai vingt fois, et non dix-neuf. Il ne faut pas lâcher son revers. L'obliger à frapper la balle haut, la raquette à hauteur de son cou », explique-t-il dans son autobiographie, *Rafa*.

Ce schéma tactique a fonctionné jusqu'à ce que Federer ne décide de faire évoluer son revers. En 2013-2014 d'abord, lorsqu'il changea de raquette (avec un tamis élargi de 8 %) pour augmenter les angles d'attaque. Puis fin 2015, lorsqu'il fit le choix de frapper la balle plus tôt, sur les conseils de son nouvel entraîneur Ivan Ljubičić. Cette double (r)évolution a porté ses fruits en finale de l'Open d'Australie 2017 puis dans la plupart des confrontations entre les deux hommes depuis. Le revers à une main de Roger Federer, dont l'élégance folle n'a que de rares équivalents (Stan Wawrinka ou Richard Gasquet), possède également une munition largement sous-estimée : le slice. Une corde de plus à son arc qui lui apporte davantage d'agressivité et de variété. John Yandell a dénombré jusqu'à 90 rotations de balle par seconde dans le revers slicé du Suisse, « plus que n'importe quel autre coup dans ce sport, au-delà même du coup droit de Nadal ». Certaines voix ont prétendu qu'il aurait été encore plus fort avec un revers à deux mains, un coup devenu la norme sur le circuit depuis une trentaine d'années. Rien n'est moins sûr. On peut aussi estimer que le revers à une main, en plus d'être un choix audacieux, a enrichi ses autres coups (volée, slice). Federer, qui aurait déjà essayé le revers à deux mains à l'entraînement « juste pour voir », l'aurait d'ailleurs jugé incommode et limitant. L'architecture d'ensemble de son jeu en aurait été probablement déséquilibrée.

Ce tour d'horizon ne serait pas complet si on oubliait de citer d'autres coups (amortie, volée ou smash) que le Suisse joue moins fréquemment mais tout aussi excellemment. Mention spéciale à sa demi-volée et à sa volée haute de revers, qui comptent parmi les gestes les plus difficiles du tennis. En fait, l'arsenal de Federer est tel qu'un large champ de possibles s'offre systématiquement à lui. Il a toujours l'embarras du choix. Un embarras qu'il a d'abord et littéralement vécu comme un handicap. Dans une interview à *The Observer* en 2004, le jeune Federer admet que sa palette de coups était « un problème ». Le Federer mûrissant a néanmoins appris à en faire une force. Selon l'entraîneur[1] et expert du tennis australien Craig O'Shannessy, le Suisse excelle dans les schémas de jeu dits « secondaires »[2], destinés à varier les coups et à surprendre l'adversaire. Chez Federer, trop d'options ne tuent jamais l'option.

L'« Einstein » du tennis ?

Le Maestro aurait pu se satisfaire de son formidable capital technique pour jouer et gagner des matchs. Mais non ! Il a aussi tenté, testé, innové, inventé. Son entraîneur Ivan Ljubicic n'a-t-il pas récemment filé la métaphore scientifique en le comparant à « Einstein »[3] ?

Derrière Federer le conservateur se cache donc aussi Federer le créateur. Dans son essai *Silences de Federer*, le professeur de philosophie André Scala prétend que le

1. Il a notamment aidé Novak Djokovic entre 2017 et 2020.
2. Les modèles « primaires » englobent le service, le retour, les coups droits, les revers et la meilleure façon d'aller vers le filet. Les modèles « secondaires » incluent les lancers, le service et la volée et les options de première volée.
3. Dans un entretien accordé au podcast de l'expert sportif, Allistair McCaw, en janvier 2021.

Suisse « n'a inventé aucun coup ou manière inédite de jouer, à la différence de McEnroe ou de Borg ». Cette affirmation, qui doit certes être replacée dans le contexte de la sortie du livre (2011), est contestable. D'une part, Federer a contribué à populariser des coups hors du commun qui, sans être sa marque de fabrique, sont venus étoffer sa signature (tweener[1], tweener inversé[2], passing-shot à côté du filet). De l'autre, il a posé sa griffe, dès le tournoi de Cincinnati en 2015, sur un coup d'un nouveau genre : le « SABR »[3] ou « Fed Attack », un retour ultra-agressif joué en demi-volée et suivi d'une montée au filet. On objectera que ce coup n'est pas plus efficace qu'un retour classique et qu'il reste anecdotique dans le jeu du Maître. Il n'empêche : le SABR est révélateur d'un état d'esprit qui a conduit Federer à sortir très régulièrement de sa zone de confort.

Tout au long de sa carrière, le Maître n'a cessé de « traquer la réinvention », pour reprendre une belle formule d'Arnaud Boetsch. À quoi cette quête obéit-elle ? à l'envie constante de progresser ? à la nécessité de s'armer face à une adversité toujours plus coriace ?

1. Coup entre les jambes effectué après avoir été lobé. Le plus célèbre reste celui qu'il a réalisé face à Djokovic en demi-finale de l'US Open 2009.
2. Coup effectué entre les jambes face au filet.
3. Pour *Sneak Attack by Roger* (« Attaque furtive de Roger »).

au simple plaisir de jouer ? un peu des trois sûrement. La dernière hypothèse ne doit pas être sous-estimée. Roger Federer est fondamentalement un amoureux du jeu. Pour gagner, bien sûr, mais aussi (et surtout) pour se faire plaisir. « Je ne pense pas qu'il existe quelqu'un qui aime le tennis plus que moi », avait-il confessé dans une interview à *L'Équipe* en 2010. Ce goût pour le jeu s'exprime sur le court, à côté et en dehors. Nombreux sont les joueurs sur le circuit à avoir relaté les petits défis lancés par le Suisse à l'entraînement ou dans les vestiaires, juste pour rire… Federer fait honneur à l'étymologie même du mot « jeu » (« plaisanterie, badinage »). Grand joueur donc, grand enfant aussi.

La tête et les jambes

Le fabuleux bras de Federer n'aurait rien pu accomplir de grand sans un jeu de jambes exceptionnel pour le porter. Sur le papier, le Suisse ne correspond pas aux canons de l'athlète moderne bodybuildé. Les abdos de Cristiano Ronaldo ou le bras gauche de Rafael Nadal incarnent davantage l'idéal sportif contemporain que le physique sans aspérité de Roger Federer. Doté d'un excellent rapport taille/poids (1,85 m pour 85 kg), le Suisse présente pourtant des dispositions parfaites pour jouer au tennis. Le journaliste Simon Graf rappelle que Federer, lorsqu'il était adolescent, rivalisait sur les trente premiers mètres avec les meilleurs sprinters régionaux et courait 3 300 mètres au test de Cooper[1]. Une très bonne performance pour un sportif qui ne pratique pas l'athlétisme.

Un homme clé est parvenu à exploiter et maximiser ce potentiel de départ : Pierre Paganini[2]. Celui qui prépare physiquement Federer (et Wawrinka) à l'abri des projecteurs depuis plus de vingt ans est pour beaucoup dans la réussite du Suisse. Ce décathlonien émérite, qui a révolutionné l'approche physique du sport de haut niveau, a offert à Federer une préparation créative, rigoureuse et ludique, taillée sur mesure pour permettre à son corps de durer et endurer. « Il m'a fait tomber amoureux du fitness », concède même le Maître. Pierre Paganini est bien l'ingénieur en chef de la belle mécanique federienne, assemblage unique de souplesse, d'explosivité et d'endurance. Le joueur français Nicolas Mahut résume ainsi la justesse physique du Suisse : « Le plus fort chez lui, c'est son agilité. Il est vite en jambes et très équilibré sur sa reprise

1. Le test de Cooper consiste à parcourir la plus grande distance possible sur terrain plat en 12 minutes.
2. Un reportage (*Les Années Federer*) diffusé par la chaine suisse RTS Sport en 2018 lui consacre de larges extraits.

d'appuis. Au niveau des cannes, c'est la perfection ! » Cette condition physique est mise au service d'efforts utiles, pas de courses tous azimuts. Les données récoltées par Mark Hodgkinson[1] montrent d'ailleurs que de Federer, Nadal, Djokovic et Murray, le Maestro est de loin celui qui parcourt le moins de kilomètres sur le court. Ce constat tend aussi à valider l'idée qu'il possède un sens de l'anticipation supérieur à la moyenne, le dispensant ainsi de déplacements superflus. « Il a toujours un temps d'avance », nous confirme Paul-Henri Mathieu, qui l'a affronté à sept reprises dans sa carrière. Pas étonnant que le Suisse, sûr de son coup d'œil, ait toujours émis des réserves quant à l'utilisation du « Hawk-Eye »[2].

Inné et acquis

Une légende tenace voudrait que Federer soit *naturellement* parvenu à ce niveau de perfection dans tous les domaines. Nadal a lui-même entretenu le trouble dans son autobiographie : « Il paraît qu'il s'entraîne moins durement que moi. Je ne sais pas si c'est vrai mais ça pourrait coller. » Cette théorie est encore

1. Pour les quatre tournois du Grand Chelem sur la saison 2015.
2. Système d'arbitrage électronique (mis en place en 2006 dans le tennis) permettant de trancher un litige sur une balle bonne ou faute.

alimentée par le sentiment de facilité que renvoie Federer sur un court, le relâchement de ses coups, la fluidité de ses déplacements et l'absence de marques de transpiration.

Cette impression est trompeuse. Dire que Federer est né avec du talent et des prédispositions pour le tennis est une évidence ; faire reposer son succès sur ses seuls acquis est un contresens. « Les gens voient cet athlète gracieux qui flotte et pensent que cela arrive tout seul mais il a fait un travail incroyable tout au long de sa vie », rappelait encore récemment Paul Annacone[1], son entraîneur entre 2010 et 2013. La réussite du Suisse n'est pas tombée du ciel. Elle est le fruit de milliers d'heures de travail acharné passées sur le court, dans la salle de musculation ou sur les pistes d'athlétisme. Le dernier roman de l'écrivain suisse Olivier Chapuis (*Balles neuves*) aborde cette question fondamentale entre inné et acquis : « Et Roger Federer, quelle est sa part d'inné et d'acquis dans sa réussite, dans cette conviction, dans cette force qui le pousse à s'entraîner comme un damné et à vaincre jusqu'à plus soif, pour la gloire et la postérité ? » Le scientifique et industriel américain Thomas Alva Edison avait coutume de

1. À l'occasion d'un podcast *Tennis With an Accent* en décembre 2020.

dire que le génie, « c'est 1 % d'inspiration et 99 % de transpiration ». Quand bien même cette jauge serait remontée à 10 % ou 20 % dans le cas de Federer, l'essentiel resterait à développer et à conquérir. On ne naît pas champion, on le devient.

Les « moments Federer »

C'est muni de cet équipement technique et physique hors norme que Federer a gravi les montagnes et tutoyé les sommets. Il a réalisé plusieurs saisons dantesques, notamment en 2005 (81 victoires, 4 défaites) et 2006 (92 victoires, 5 défaites). Il a livré des prestations exceptionnelles sur toutes les surfaces. Il a frappé des coups sortis de nulle part, qu'on ne se lasse pas de regarder en boucle sur YouTube. A-t-il pour autant produit « le » match parfait ? Dans un entretien accordé au magazine *Sportweek* en 2019, l'intéressé évoque dans l'ordre sa victoire en finale de Wimbledon en 2007 (contre Nadal), en 2009 (contre Roddick) et en 2003 (contre Philippoussis). Qu'en pensent ceux qui l'ont affronté ? Le Suédois Jonas Bjorkman, balayé en demi-finale de Wimbledon 2006[1], racontera à l'issue du match avoir affronté « un mec

1. 6-2, 6-0, 6-2.

jouant un tennis proche de la perfection » et avoir assisté à ce spectacle depuis « le meilleur siège dans la maison ». La même année, l'Américain James Blake, laminé en finale des Masters[1], avouera : « Aujourd'hui, il n'y avait rien à faire. Rien. Il n'y a pas assez d'adjectifs pour qualifier son excellence. » Roger Federer lui-même s'en amusera : « À un moment, j'ai même rigolé tellement je jouais bien. » Quelques semaines plus tard, lors d'une conférence de presse mémorable, l'Américain Andy Roddick, pulvérisé en demi-finale de l'Open Australie[2], concédera lui aussi son admiration (et sa détresse) face à la performance du Maestro. De nombreux autres matchs seraient dignes d'être mentionnés, comme cette demi-finale à Roland-Garros en 2011 remportée contre Novak Djokovic[3] ou cette autre demi-finale victorieuse contre Andy Murray à Wimbledon en 2015[4]. Un livre entier ne suffirait pas à recenser les master class du Maître.

L'expérience du beau

Qu'ils durent un jeu, un set ou un match, ces états de grâce font entrer Federer, selon ses propres dires,

1. 6-0, 6-3, 6-4.
2. 6-4, 6-0, 6-2.
3. 7-6, 6-3, 3-6, 7-6.
4. 7-5, 7-5, 6-4.

dans « la zone ». Une forme d'état transcendantal qui le rend irrésistible. Dans son autobiographie, Rafael Nadal décrit bien ces moments où le génie suisse devient intouchable : « Lorsque je repère cette expression sur son visage, je sais qu'il n'y a plus qu'une chose à faire : résister tant bien que mal et attendre que ça lui passe. Hélas, parfois, ça ne lui passe pas. »

Cet état de dépassement sportif présente des ressemblances troublantes avec la virtuosité artistique. Pas étonnant que Roger Federer ait tour à tour été comparé à des peintres (Michel-Ange, Renoir), des danseurs (Noureev, Barychnikov), des compositeurs (Mozart), des pianistes (Horowitz)... Dans un article de 2016 pour *Tennis Magazine*, le philosophe David Brunat cite l'hautboïste espagnol Lucas Macias Navarro qui compare volontiers le Suisse à « un génie de la musique romantique, Mendelssohn par exemple ». La violoniste allemande Anne-Sophie Mutter[1] dresse pour sa part un parallèle entre Roger Federer (dont elle est une grande admiratrice) et le chanteur d'opéra Placido Domingo, louant leur intelligence et leur capacité d'évolution avec l'âge[2]. Cette analogie musicale a parfois été reprise par les joueurs eux-mêmes, comme l'ancien champion

1. Entretien au *Frankfurter Allgemeine Sonntagszeitung* en octobre 2018.
2. Il a notamment fait évoluer son répertoire de ténor vers le baryton.

américain Jim Courier pour qui l'artiste suisse « fait chanter les cordes de sa raquette ».

Les partitions de Maestro confinent souvent au sublime. Voir jouer Federer, c'est faire l'expérience du beau. Le philosophe Kant avait défini cette notion dans *Critique de la faculté de juger*[1] comme « ce qui plaît universellement sans concept ». La définition est doublement valable ici. Comme un coucher de soleil qu'on trouverait magnifique sans imaginer un instant que d'autres puissent le trouver laid, le jeu de Federer fait l'objet d'une évidence esthétique qui prétend à l'universalité (« ce qui plaît universellement »). Dans le même temps, nul besoin de connaître le Suisse, son parcours, sa personnalité, ses intentions ou ses coups pour tomber en pâmoison devant son tennis (« sans concept »). C'est une confrontation brute, directe et immédiate avec la beauté que nous sommes des centaines de milliers dans le monde, amateurs ou novices, à partager chaque fois qu'il joue. S'il fallait la qualifier davantage, cette sensation serait, dans l'univers baudelairien, plus proche des chaudes lumières de « L'Invitation au voyage » (« Là, tout n'est qu'ordre et beauté / Luxe, calme et volupté »)

1. Emmanuel Kant, *Critique de la faculté de juger*, 1790.

que de la froideur glaciale de « La Beauté » (« Je suis belle, ô mortels ! comme un rêve de pierre »)[1]. Le jeu poétique du Suisse offre une échappatoire à l'aseptisation du monde. Diversification contre hyperspécialisation, variation contre standardisation, pièce unique contre produits en série : le federisme est un anti-fordisme. Il est aussi, par sa quête permanente de réinvention, une mise en application de la « destruction créatrice » schumpétérienne. Federer pourrait aussi être comparé à certains leaders charismatiques du monde de l'entreprise. « Il a l'humilité dans l'apprentissage de Bill Gates et la perfection obsessionnelle d'un esthétisme parfait de Steve Jobs », résume Alexandre Bompard.

Ce mélange de fascination, d'excitation et d'exaltation se trouve condensé dans ce que David Foster Wallace a appelé les « moments Federer », « ces moments où, en regardant ce jeune Suisse, on reste bouche bée, les yeux exorbités, et on pousse de tels cris que nos épouses accourent de la pièce d'à côté pour vérifier que l'on va bien ». Qui n'a pas éprouvé au moins une fois ce sentiment devant un match du *Wunderkind*

1. Charles Baudelaire, « L'Invitation au voyage » et « La Beauté », dans *Les Fleurs du mal*, 1857.

de Bâle ? Un autre romancier, John Maxwell Coetzee[1], Prix Nobel de littérature en 2003, a tenté de poser des mots sur sa flamme federienne : « On commence par envier Federer, puis par l'admirer, ensuite on finit par ne plus être ni envieux ni admiratif, mais exalté par la révélation de ce qu'un être humain est capable d'accomplir. » Le tennis du Suisse rendrait presque la présence d'un adversaire inutile. Avec Federer, pas besoin d'être deux pour faire un beau match, lui seul *suffit*. C'est ce à quoi nous invite l'ancien joueur français Fabrice Santoro pour prendre la mesure des arabesques federesques : « Pendant quelques points ou sur un jeu entier, ne suivez pas la balle, ne regardez que lui. C'est fantastique. »

L'immense majorité du temps, cette cure de jouvence pour les yeux s'effectue par le prisme de la télévision. Or, voir Federer jouer à la télé et le voir jouer en vrai sont deux choses aussi dissemblables que « mater une vidéo porno et faire l'amour » pour reprendre une expression osée de David Foster Wallace. L'expérience est dénaturée par le filtre réducteur et presque impur de l'écran. A contrario, quand on a la chance d'assister à un match de Federer dans un stade (souvent

1. Dans une correspondance avec l'auteur américain Paul Auster datant de 2009.

plein à craquer et acquis à sa cause), idéalement pas trop loin du court, on s'en souvient toute sa vie. On pourrait arguer que les caméras de télévision proposent des séquences imperceptibles à l'œil nu (gros plans, ralentis...) capables de sonder chaque geste du Maître et d'en sublimer la maestria. Cela signifie peut-être qu'il n'y a pas une seule façon d'appréhender la beauté federienne et qu'il reste possible, même depuis son canapé, d'en saisir des fragments.

Silences de Federer

Voir jouer Federer, c'est faire l'expérience du beau mais c'est aussi faire l'expérience du silence. Les deux concepts sont d'ailleurs intimement liés puisqu'avant d'être englouti dans le bruit et la fureur médiatiques de nos sociétés contemporaines, le silence a longtemps été vécu comme une porte d'entrée vers la beauté originelle du monde et des choses. Federer, à sa manière, nous permet de renouer avec cette quête. André Scala n'a pas innocemment intitulé son essai « Silences de Federer ». « Il joue au tennis sans ahaner, ni envoyer de signes positifs ou négatifs à la cantonade. Il semble indifférent à ce qu'il fait, ne grimace pas, ne hurle pas », rappelle le professeur de philosophie. Seuls un *come on !* ou un *chum jetzt !* (« allez ! » en suisse allemand) rompent de temps à autre la quiétude ambiante. Le Suisse détonne sur le circuit professionnel où, depuis une bonne trentaine d'années, de nombreux joueurs (Connors, Muster, Agassi, Nadal…) et joueuses (Seles, Sharapova, Azarenka, les sœurs Williams…) grognent, crient et braillent.

Fait remarquable : Federer est aussi silencieux dans l'expression de ses sentiments que dans la trajectoire de ses déplacements. Sur le court, le Maître glisse quand les autres crissent. Il fond sur ses proies à pas de loup. L'élasticité fauve du Suisse a bien été mise en évidence par l'écrivain Denis Grozdanovitch[1] : « À chaque fois, mon impression fut d'avoir été mis en présence d'un animal. Il émane de sa personne, de façon quasi magnétique, une aura de puissance et de souplesse musculaire comparable à celle d'un félin au repos. » L'art de bouger sans faire de bruit, c'est aussi ça, la patte Federer.

Le Suisse réconcilie avec le silence autant qu'il réconcilie avec le corps. Dans leur *Dictionnaire amoureux du tennis*, Laurent Binet et Antoine Benneteau divulguent le secret du Maître : « Son corps lui obéit absolument. » Le corps, cette matière que des siècles

1. Entretien dans *Les Échos Week-End*, février 2017.

de philosophie – de Platon à Descartes – ont traitée avec méfiance voire hostilité, retrouve avec Federer ses lettres de noblesse. Le Suisse maîtrise à tel point son corps qu'il paraît s'en affranchir. Il n'est pas *sur* le court, il est en réalité *au-dessus* de lui. Ce processus de « décorporation » produit une impression de liquidité aérienne qui est l'apanage des plus grands sportifs. Comme quelques autres avant lui, Federer, tel un satellite placé en orbite, défie les lois de la gravité. Mohamed Ali « volait » comme un papillon sur le ring, Michael Jordan était connu pour son *hang time* (sa capacité à rester en l'air), Cristiano Ronaldo marque des buts de la tête en sautant à plus de 2,5 m… Ces quelques rares athlètes, pour qui le corps n'est plus un obstacle mais une force permettant de se détacher des contraintes terrestres, flirtent davantage avec les dieux qu'avec les hommes. Ce sont eux qui nous contemplent d'en haut, pas l'inverse.

Federer n'est pas un astre comme les autres. Il brille de mille feux, quelque part entre ciel et terre. Dans une chronique il y a quelques années sur *Europe 1*, le professeur de philosophie Raphaël Enthoven, citant Aristote pour qui le cosmos est divisé entre un monde « supralunaire » (immatériel, immuable et éternel) et un monde « sublunaire » (terrestre, changeant et chaotique), avait magnifiquement résumé la place singulière occupée par le Maître : « Au tennis, dans ce jeu cosmique où deux soleils tapent à tour de rôle sur une planète, Roger Federer, l'étoile Federer, se trouve exactement à la croisée des univers. »

Le bon, la brute et le truand

***

L'histoire de l'humanité est peuplée de rivalités, réelles ou fantasmées, mettant aux prises deux héros dont l'un finit souvent par triompher de l'autre dans la violence. Ces duels jalonnent la plupart des grands récits fondateurs : la Bible (David et Goliath), la mythologie égyptienne (Seth et Horus), grecque (Hector et Achille) ou romaine (Rémus et Romulus). Ils offrent à l'imaginaire collectif une représentation binaire – et donc intelligible – du monde pour en expliquer le cours et les origines. Il en va du mythe comme de la réalité. De l'Antiquité à nos jours, l'histoire pourrait être lue comme une succession de face-à-face politiques, militaires ou religieux[1]. On songe, parmi tant d'autres, aux affrontements entre Alexandre le Grand et Darius,

1. Alexis Brézet et Vincent Trémolet de Villers, *Les Grands Duels qui ont fait le monde*, Perrin, Paris, 2016.

François Ier et Charles Quint, Napoléon III et Bismarck, Hitler et Churchill… Ces exemples ne se limitent pas aux champs de bataille et sont transposables à d'autres pans de l'activité humaine, dans le domaine des idées et des arts notamment.

Le sport contemporain n'échappe pas à cette règle : Jacques Anquetil et Raymond Poulidor, Mohamed Ali et Joe Frazier, Alain Prost et Ayrton Senna, Michael Phelps et Ryan Lochte, Cristiano Ronaldo et Lionel Messi… L'histoire des terrains, des circuits, des bassins ou des rings regorge de rivalités incandescentes, souvent attisées par les braises médiatiques. Le tennis de l'ère Open aussi s'est construit autour de duels célèbres, dont le plus emblématique avant Federer et Nadal fut certainement celui opposant Borg à McEnroe. Ce principe de dualité est inscrit aux fondements mêmes de ce sport. Dans *Henri V* de Shakespeare[1], l'une des premières œuvres littéraires à faire mention du jeu de paume (l'ancêtre du tennis), le roi d'Angleterre Henri, qui réclame la couronne de France dont il estime être un prétendant légitime, reçoit comme seule réponse du Dauphin un panier de balles. Un cadeau qu'il interprétera comme une offense et qui le décidera à envahir le

1. William Shakespeare, *La Chronique de l'histoire d'Henri Cinquième*, 1599.

territoire français. Aux origines du tennis se loge donc, même de manière métaphorique, l'idée d'un affrontement entre deux hommes et entre deux camps.

L'histoire est donc cruelle mais implacable : il n'y a pas de place pour trois. Ou alors, le troisième endosse le seul rôle encore disponible, celui du *bad boy* ou du héros incompris. Au sein du trio magique Federer-Nadal-Djokovic, qui cumule à ce jour cinquante-huit tournois du Grand Chelem, la place du « méchant » échoit clairement au Serbe. Dans leur *Dictionnaire amoureux du tennis*, Laurent Binet et Antoine Benneteau comparent Federer au *bon*, Nadal à la *brute* et Djokovic au *truand*, en référence au titre du célèbre western de Sergio Leone. Dans la scène finale du film, seule la brute trépasse. Et si au tennis, le personnage de trop était le truand ?

Nadal : l'alter héros

Interrogé sur la popularité de Roger Federer, John McEnroe avance l'hypothèse suivante : « Si Roger est tellement aimé dans le monde entier, c'est en grande partie grâce à Rafael Nadal. » Pour l'ancien champion de tennis américain, la carrière du Suisse avant l'émergence de l'Espagnol se résumerait à une sorte de préhistoire quasi dépourvue d'intérêt : « Il a tout simplement dominé avant que Nadal ne se présente. » Federer serait donc véritablement devenu Federer le jour où Nadal a démontré que le superhéros helvète n'était pas infaillible.

L'ère préhistorique

Il serait injuste et en grande partie faux de résumer le parcours de Federer avant l'ascension de Nadal à une promenade de santé. Lorsqu'on se penche en détail sur les premières années de sa carrière, on s'aperçoit que Federer a dû battre de très grands joueurs pour se hisser jusqu'au sommet. Son premier fait d'armes ne fut d'ailleurs pas des moindres : venir à bout de Pete Sampras, septuple vainqueur de Wimbledon et invaincu sur le gazon londonien depuis 1997, sur le *Centre Court* et à seulement 19 ans. Après avoir déboulonné la statue du Commandeur, Roger Federer fera tomber un peu plus tard un autre monument du tennis et rival de Sampras, André Agassi, écrasé lors de la finale des Masters à Houston en 2003[1].

1. 6-3, 6-0, 6-4.

Le 2 février 2004, Roger Federer devient numéro 1 mondial. Commence alors l'une des plus longues périodes de domination de l'histoire du tennis. Elle s'achèvera le 17 août 2008 dans le sillage de la terrible défaite contre Nadal à Wimbledon (« un désastre », dira Federer). Les treize titres du Grand Chelem remportés entre 2003 et 2008 par Federer laissent parfois l'impression d'une domination sans partage, au point que certains détracteurs n'hésiteront pas invoquer une *weak era* (« l'ère faible ») pour justifier la suprématie du Suisse.

Et pourtant, cette période est traversée par quelques matchs de légende où le numéro 1 mondial a dû s'incliner au terme de combats homériques. À l'époque, les quelques joueurs capables de lui tenir tête sur cinq sets s'appelaient Marat Safin, Lleyton Hewitt, Andy Roddick ou David Nalbandian[1].

Lorsque le dimanche 28 mars 2004, les dix mille spectateurs du tournoi de Miami assistent à la première rencontre entre Rafael Nadal et Roger Federer, ils sont loin d'imaginer que ce match sera le premier

1. On pense notamment à l'incroyable demi-finale de Marat Safin remportée contre Roger Federer à l'Open d'Australie 2005 (5-7, 6-4, 5-7, 7-6, 9-7) ou la victoire surprise la même année de David Nalbandian lors de la finale des Masters (6-7, 6-7, 6-2, 6-1, 7-6).

d'une longue série qui bouleversera l'histoire du tennis. À cette date, le Majorquin n'a battu que deux membres du Top 10, Albert Costa et Carlos Moya. En 69 minutes, le Suisse – certes malade – subit pourtant la loi de l'Espagnol : 6-3, 6-3. Une victoire sur dur, nette et sans bavure. Nadal remporte treize de ses quatorze points au filet. À l'époque, le *New York Times* compare ce match à une *coming-out party* : un bal des débutants où l'Espagnol aurait officiellement fait son entrée dans le grand monde. La défaite de Federer est alors mise sur le coup d'une faiblesse passagère et interprétée comme un accident de parcours. Il faudra patienter l'année d'après, en 2005, et toujours à Miami, pour que l'opposition éclate au grand jour. Cette fois, c'est la défaite de Nadal à l'issue d'un match serré qui donne corps à l'idée d'une rivalité unique, appelée à durer. Mené deux sets à zéro, Federer parvient en effet à retourner la situation en sa faveur[1].

Le combat de Titans pour la suprématie du tennis mondial peut commencer. La première incursion en terrain adverse viendra de Federer, qui tentera de dompter Nadal sur sa surface de prédilection : la terre battue. En 2005, la défaite du Suisse en demi-finale de

1. 2-6, 6-7, 7-6, 6-3, 6-1.

Roland-Garros[1] fait écrire au *New York Times* qu'« une rivalité est née ». Un an plus tard, après avoir eu deux balles de match, Federer voit la victoire lui échapper sur terre battue au tournoi de Rome, lors d'une finale d'anthologie en cinq sets[2]. En 2006 puis en 2007, Nadal fait le chemin inverse en défiant Federer dans son jardin à Wimbledon. Si l'Espagnol s'incline deux fois en finale, pour les observateurs, la question n'est plus de savoir si le Suisse tombera un jour. Mais quand.

Le piège de Thucydide

Dans son article « Roger Federer, une expérience religieuse », David Foster Wallace relate avec brio les enjeux au cœur de la finale de Wimbledon 2006 remportée par le Suisse[3]. D'un côté, Nadal, « l'homme qui a poussé le jeu de fond de court aussi loin que possible » ; de l'autre, Federer, « un homme qui a transfiguré le jeu moderne » par sa précision et sa vitesse. L'auteur raconte qu'au loin, un commentateur s'exclame : « Ça va être la guerre. » Cette finale entre une puissance dominante et une puissance émergente fait écho à ce que l'historien américain Graham T. Allison

1. 6-3, 4-6, 6-4, 6-3.
2. 6-7, 7-6, 6-4, 2-6, 7-6.
3. 6-0, 7-6, 6-7, 6-3.

appelle le « piège de Thucydide »[1]. Ce concept entend montrer que l'ascension d'un perturbateur (tenté par l'hubris) face à un acteur établi (menacé de paranoïa) est un schéma à la source de nombreux conflits dans l'histoire, de la guerre du Péloponnèse entre Sparte et Athènes au Ve siècle avant J.-C. à l'affrontement entre les États-Unis et la Chine aujourd'hui.

Ce « piège de Thucydide » a souvent été convoqué pour proposer une grille de lecture aux grandes rivalités du sport. Deux films permettent d'illustrer cette vision intéressante mais réductrice. En 2013, le film *Rush* réalisé par Ron Howard met en scène le duel à distance entre deux pilotes automobiles dans les années 1970, le sérieux autrichien Niki Lauda et le fantasque britannique James Hunt. En 2017, c'est le film *Borg/McEnroe* du Danois Janus Metz Pedersen (et dont le point d'orgue est la finale de Wimbledon 1980) qui fait le portrait d'un Björn Borg glacial opposé au volcanique John McEnroe. Une rivalité devrait donc nécessairement être celle d'un tenant du titre contre un challenger, présentant deux personnalités et deux styles de jeu radicalement opposés.

1. En référence à l'ouvrage de l'historien grec Thucydide, *La Guerre du Péloponnèse*, écrit au Ve siècle av. J.-C.

Une analyse de surface a souvent cherché à forcer le jeu des différences entre le droitier Federer et le gaucher Nadal. Le premier serait un joueur aérien, le second un terrien. L'un aurait la grâce et le toucher, l'autre la puissance et la combativité. Federer serait le « maestro », Nadal le « taureau ». Le flegme du Nord contre la furia du Sud. Apollon contre Dionysos. Blazer contre pantacourt. James Bond contre Jack Sparrow.

Soyons clairs : cette analyse tient davantage du récit fainéant que de la réalité des faits. Mesurant la même taille (1,85 m) et pesant le même poids (85 kg), les deux joueurs se ressemblent plus qu'il n'y paraît. Tout d'abord, il ne faut pas perdre de vue que Federer est un formidable joueur de terre battue. Et qu'il a passé une bonne partie de sa jeunesse à jouer sur cette surface[1]. La veille de la finale de Coupe Davis 2014 remportée par la Suisse contre la France, Gaël Monfils avait remis les pendules à l'heure : « On a l'impression que Roger joue moins bien sur terre battue, mais il joue moins bien sur terre battue comparé à Rafa [...]. Mais il joue quand même mieux que moi. C'est-à-dire que sa carrière sur terre battue, je la prends tous les jours. Il a cinq finales à Roland-Garros, où il a gagné une

1. Au centre national d'entraînement suisse d'Ecublens, qu'il a rejoint à 14 ans.

fois, il a gagné des Masters 1 000 et tout. C'est quand même toujours mieux que moi. » Sans Nadal, Federer aurait sans doute plusieurs Internationaux de France dans sa besace. Selon les spécialistes, il fait partie des cinq meilleurs joueurs de terre battue toutes époques confondues.

A contrario, le palmarès de Nadal sur surface rapide impressionne, avec deux Wimbledon remportés (2008 et 2010, pour trois finales perdues en 2006, 2007 et 2011), sans oublier ses titres à l'US Open (2010, 2013, 2017, 2019) et à l'Open d'Australie (2009). Contrairement à la croyance populaire, l'Espagnol est (devenu) un redoutable joueur au filet. Même lors de la demi-finale de Wimbledon en 2019[1] (leur dernière confrontation à ce jour), il a prouvé qu'il était capable de tenir tête au Suisse dans ce domaine. Son tennis, cependant, majoritairement joué du fond du court, en fait globalement un usage limité.

Une confrontation sans guerre de religions

La force de la rivalité entre Nadal et Federer tient sans doute au fait que rarement deux joueurs auront

1. Remportée par Federer 7-6, 1-6, 6-3, 6-4.

affiché un tel niveau d'excellence dans tous les compartiments du jeu. De leurs confrontations est même né un mot, le « Fedal », qui constitue bien souvent l'assurance de vivre un moment de tennis inoubliable. Les exceptions existent, même si elles sont rares. Les matchs à sens unique entre les deux se comptent sur les doigts de la main : on pense bien sûr à la « cuisante défaite » de Federer contre Nadal en finale en Roland-Garros en 2008[1] ; à l'inverse, on se souvient de sa victoire expéditive aux Masters de Londres en 2011[2] ou au tournoi d'Indian Wells en 2017[3]. Au total et à ce jour, Federer et Nadal ont joué 40 fois l'un contre l'autre (24-16 pour l'Espagnol), ce qui représente plus de quatre jours de matchs mis bout à bout ! C'est beaucoup plus que les confrontations McEnroe-Borg (14 matchs) mais moins que Djokovic-Federer (50 matchs) et Djokovic-Nadal (56 matchs).

Pour le reste, l'histoire du tennis retient avant tout des rencontres mémorables et deux bras de fer extraordinaires. La finale de Wimbledon 2008 d'une part, considérée par certains comme le plus grand match de tennis de tous les temps et dont ont été tirés

1. 6-1, 6-3, 6-0.
2. 6-3, 6-0.
3. 6-2, 6-3.

un livre puis un documentaire passionnants (*Strokes of Genius : Federer, Nadal, and the Greatest Match Ever Played*). La finale de l'Open d'Australie 2017 d'autre part, et plus particulièrement son cinquième set. Cette année-là, le Suisse, âgé de 35 ans, 17e mondial et absent des terrains depuis plus de six mois, affronte l'Espagnol, 31 ans et tête de série numéro 9, qui revient aussi d'une longue période d'inactivité. Si les quatre premiers sets donnent parfois l'impression étrange de deux joueurs ne parvenant pas à afficher leur meilleur niveau en même temps, le cinquième set offre une intensité dramatique folle. Revenant d'entre les morts, Federer parvient à remonter un break de retard avant de mener 4-3 sur son service. Rares sont les points qui dans un match permettent de déterminer le moment précis où le destin semble désigner son vainqueur. À 40-40 dans ce jeu d'une importance capitale, le public est tenu en haleine par un point miraculeux. Pendant 26 coups joués comme s'ils étaient sur une table de ping-pong, les deux joueurs tentent de se déborder et sont plusieurs fois sur le point de lâcher. Le revers de Federer, plus rapide, semble connaître une seconde jeunesse. Sur un dernier coup droit laser le long de la ligne, Federer parvient à faire plier son adversaire. Un point d'anthologie qui résume à lui seul la bataille hors du commun que se livrent les deux hommes depuis presque deux décennies. Ce match reste à ce jour le plus suivi de l'histoire du tennis[1].

La rivalité créatrice entre les deux joueurs a aussi eu pour effet de les contraindre à repousser leurs limites pour progresser continuellement (le revers pour Federer, le jeu sur surface rapide pour Nadal). Ils se sont mutuellement forcés à entrer dans des zones inconnues et à puiser en eux des ressources insoupçonnées pour se mettre au niveau de l'autre. « Roger est un rival unique, peut-être le plus grand joueur de tous les temps », disait de lui Nadal dans une interview au *Monde* en juin 2019. « On a besoin de rivaux comme Rafa. Je lui suis reconnaissant, il a fait de moi un meilleur joueur », lui a répondu Federer quelques semaines plus tard dans une interview au *Financial Times*.

Car lorsque Federer et Nadal s'affrontent, seul le jeu parle. Il n'est jamais question d'animosités, de déclarations polémiques ou provocatrices. Leur finale tendue à Rome en 2006 constitue une exception[2]. Les

---

1. Il a notamment rassemblé 16 millions de téléspectateurs européens sur *Eurosport*.
2. Roger Federer avait notamment reproché en plein match à Toni Nadal de coacher ouvertement son neveu. Rafael Nadal avait répliqué le lendemain dans une interview : « Federer doit apprendre à se comporter en gentleman y compris quand il perd. »

deux champions se respectent immensément et sont, de manière plus générale, connus pour leur fair-play. Le Suisse a appris à canaliser ses mouvements d'humeur, l'Espagnol – pourtant plus démonstratif sur le court – n'a été jamais surpris à casser une raquette[1]. Comme Federer, Nadal partage sa vie avec son amour de jeunesse et reste discret sur sa vie privée. Les deux hommes occupent les unes des journaux sportifs, jamais celles des tabloïds.

Les conférences de presse des années 1980 ou 1990 étaient régulièrement le théâtre de piques assassines. Invité à se prononcer, le soir d'une défaite, sur ce qui le différenciait du joueur australien Patrick Rafter, Pete Sampras avait répondu, lapidaire : « Dix Grands Chelems. » John McEnroe pour sa part affirmait devant les journalistes qu'il avait « plus de talent dans son petit doigt que Lendl dans tout son corps ». Entre Nadal et Federer, rien de tel.

Pendant les premières années de leur opposition, les fans de Federer et Nadal étaient souvent renvoyés dos à dos, comme invités à se détester cordialement. Choisir entre les deux joueurs revenait à choisir entre les Beatles

1. Dans une interview à CBS en 2020, il avait déclaré : « Pour moi, casser une raquette signifierait ne pas avoir le contrôle de mes émotions. »

et les Rolling Stones. Dans les années 1960, les journalistes tenaient absolument à voir entre les deux groupes anglais une ligne de démarcation : les « gendres idéaux » d'un côté et les « bad boys » de l'autre. Et pourtant, en dehors des gazettes, les membres des deux groupes étaient liés par une profonde amitié. Un peu plus loin dans le temps et dans un autre champ artistique, on se souvient aussi de la saine émulation qu'entretenaient Matisse et Picasso. En 1905, alors que le premier triomphait au Salon d'automne avec *La Femme au chapeau* (donnant priorité à la couleur et posant les bases du fauvisme), le second « répondait » en 1907 avec *Les Demoiselles d'Avignon* (privilégiant la forme et ouvrant la voie au cubisme). Matisse et Picasso n'en nouèrent pas moins une relation d'estime réelle, allant même jusqu'à s'échanger des toiles.

Il en est de même pour Nadal et Federer qui sont parvenus à introduire dans l'histoire du sport un antagonisme d'un genre nouveau : une bataille sans guerre de religions. On peut désormais aimer l'un sans détester l'autre. Voire aimer les deux. La saine rivalité entre les deux hommes a même fait naître une complicité qui s'est affichée à de nombreuses reprises : dans des vidéos promotionnelles[1], en double pendant

1. On pense notamment à ce fou rire entre les deux hommes lors du tournage d'un spot pour le « Match for Africa » en 2010.

la Laver Cup[1], dans des matchs de charité, sur les réseaux sociaux… Lorsqu'on lui demande comment il envisage sa vie après le tennis, Roger n'hésite pas à répondre qu'il « restera en contact » avec Rafa. Dans leur *Dictionnaire amoureux du tennis*, Laurent Binet et Antoine Benneteau concluent, dans une belle formule imagée, que les deux « finiront ensemble, comme les amants de Pompéi pris dans la cendre ».

Djokovic : le mal aimé de service

« Dans un film, il ne peut pas y avoir trois bons mecs. Il faut aussi quelqu'un qui est un peu contre les deux autres. » Stan Wawrinka, validant implicitement l'hypothèse du *bon*, de la *brute* et du *truand,* ne pouvait pas mieux résumer le drame presque intime vécu par Novak Djokovic. Dans un live Instagram en avril 2020 entre les deux joueurs, le Suisse tentait d'expliquer au Serbe les raisons de son déficit de popularité. « Je pense que c'est juste dû à la grandeur de Roger et Rafa », avait sobrement commenté Djokovic. En effet, malgré son impressionnant palmarès, ce dernier semble

1. Une compétition sur le modèle de la Ryder Cup au golf, qui oppose chaque année une sélection de joueurs européens à une autre représentant le reste du monde.

condamné à jouer le rôle de l'éternel troisième homme dans le cœur du public.

Le troisième homme

Novak Djokovic occupe une place singulière dans l'histoire récente du tennis puisqu'il est le seul, avec Andy Murray dans une certaine mesure[1], à avoir contesté le duopole Federer-Nadal. Après un premier titre du Grand Chelem (Open d'Australie) en 2008, le Serbe devient numéro un mondial en 2011 et remporte douze tournois du Grand Chelem jusqu'à 2016 ! Il s'aligne sur les performances stratosphériques de Federer et Nadal. Sa saison 2015 (83 victoires pour 6 défaites) compte parmi les meilleures de l'histoire de l'ATP, avec celles de Rod Laver en 1969 et de Roger Federer en 2006. Mieux : en 2015-2016, Djokovic se paie le luxe de gagner les quatre tournois du Grand Chelem à cheval sur deux saisons, une première là aussi depuis Rod Laver en 1969. Un nom spécifique viendra entériner cet exploit retentissant : le « Djoko Slam ». Le Serbe ne se contente donc pas de revenir à la hauteur des deux

1. Andy Murray a remporté trois tournois du Grand Chelem (dont deux fois Wimbledon) et occupé la première place mondiale en 2016. Seuls quatre joueurs (Federer, Nadal, Djokovic, Murray) ont occupé la place de numéro 1 mondial entre 2003 et 2021… contre quatorze joueurs entre 1992 et 2003.

autres géants, il les surpasse d'une certaine manière. Il mène d'ailleurs dans ses confrontations directes avec Nadal (29-27) comme avec Federer (27-23). Au cours des dernières années, il a même pris l'ascendant psychologique sur le Suisse, gagnant trois matchs du Grand Chelem après avoir sauvé des balles de match (demi-finale US Open 2010, demi-finale US Open 2011, finale Wimbledon 2019). Au tennis comme au cinéma, le Djoker s'est invité en haut de l'affiche aux côtés de Batman et Robin.

Pourquoi tant de haine ?

Et pourtant, quelque chose cloche chez Djokovic. Plusieurs choses, en réalité. Un certain nombre de raisons explique le décalage entre l'éclat de sa carrière et la faiblesse de sa popularité.

D'abord, la nationalité de Djokovic a très vraisemblablement constitué un handicap de départ. L'intéressé a notamment déclaré un jour : « Quand j'ai commencé à voyager en tant que junior, j'avais toujours l'impression que les gens reculaient quand ils apprenaient d'où je venais […] Notre pays avait une mauvaise réputation dans le monde à cause de ceux qui l'ont dirigé durant certaines périodes. » Le passé et le nationalisme serbes n'offrent évidemment pas le même potentiel d'identification et de projection que la neutralité et la modération suisses.

Son comportement, ensuite. Malgré des gestes de fair-play (il applaudit régulièrement les beaux points de ses adversaires) et de nombreuses tentatives pour apparaître sympathique (imitations d'autres joueurs, déguisements sur le court[1]), Djokovic est loin de faire l'unanimité sur le circuit. On le critique pour son côté clivant, ses coups de sang sur le court, l'utilisation abusive des temps morts médicaux… De ce point de vue, 2020 aura été une drôle d'année pour le Serbe : hormis sa victoire en début d'année à l'Open d'Australie, il aura organisé un tournoi (l'Adria Tour) marqué par plusieurs contaminations à la Covid-19, été disqualifié de l'US Open pour avoir (certes, malencontreusement) envoyé une balle sur une juge de ligne et été puni par Nadal en finale de Roland-Garros[2]. Le début de l'année 2021 lui sourit toutefois à nouveau, après un nouveau sacre à l'Open d'Australie.

L'ambivalence de Djokovic se ressent aussi dans sa relation avec Federer. Le Serbe et le Suisse s'apprécient

1. En 2011, il était entré sur le court du Masters 1000 de Bercy avec un masque du Joker. Il avait fait de même l'année d'après, déguisé en Dark Vador.
2. 6-0, 6-2, 7-5.

et se respectent. Néanmoins, ils ont plusieurs fois étalé leurs désaccords sur des sujets touchant à l'organisation du circuit (futur de l'ATP) ou l'évolution du jeu (abandon des matchs en cinq sets). Les nombreuses déclarations hostiles du père de Djokovic à l'égard de Federer (et de Nadal) n'arrangent rien. Plus fondamentalement, on reproche au Serbe de courir, en vain, après la même image que le Suisse. Le joueur australien Nick Kyrgios, interrogé en mai 2019 dans le cadre d'un podcast sur le tennis, ne dit pas autre chose : « J'ai l'impression qu'il a une obsession maladive : être aimé. Il veut être comme Roger Federer. Il veut tellement être aimé que je ne peux pas le supporter. » Un avis que partage le joueur français Gilles Simon dans son dernier livre *Ce sport qui rend fou* : « Chez le Serbe, ça ne colle pas, il y a un truc qui sonne faux. Lorsqu'il ne cherche pas à plaire à tout prix, il est meilleur. Un peu comme s'il disait : "Tu sais quoi ? Allez tous vous faire foutre, je vais vous montrer de quoi je suis capable." » À Wimbledon en 2014, à l'US Open en 2015 et à nouveau à Wimbledon en 2019, Djokovic a en effet vaincu Federer et... l'hostilité du public.

Enfin, le désamour dont le Serbe fait l'objet tient peut-être à son jeu lui-même. Majoritairement pratiqué du fond de court sur un tempo métronomique, le tennis de Djokovic semble moins spectaculaire, moins magnétique et moins télégénique que celui de ses deux homologues. John McEnroe a eu beau comparer le Serbe à « un mur humain », un bout de pierre n'a jamais fait lever les foules. Dans une interview de 2019 au magazine *GQ*, l'ancien joueur français Arnaud Di Pasquale abonde en ce sens en rappelant que Djokovic est « moins puissant, moins élégant, fait moins vibrer, fait jouer un coup de plus à l'adversaire ». Avant de conclure : « Quand tu l'analyses avec l'œil du spécialiste, il fait des choses hallucinantes. Mais ça touche un public moins large. »

« La » question : Federer est-il le plus grand joueur de tous les temps ?

Il n'était pas possible de clore ce chapitre sans poser la question qui fâche et qui obsède des millions de fans à travers le monde : Federer est-il le GOAT ?

La question a-t-elle un sens ?

Ce débat existe à des degrés divers dans tous les sports mais il est particulièrement prégnant au tennis. Cette question devenue quasi obsessionnelle agite le monde de la balle jaune depuis plusieurs années déjà. À ce stade, elle ne fait consensus que sur un point : seuls Federer, Nadal ou Djokovic peuvent prétendre à la distinction suprême. Les grandes figures tennistiques du passé (Rosewall, Laver, Borg, McEnroe, Sampras...) ne sont pas considérées comme éligibles à ce titre. Quant au tennis féminin, la question n'est même pas abordée, alors que Margaret Court, Serena Williams et Steffi Graf[1] détiennent plus de tournois du Grand Chelem que Roger Federer, Rafael Nadal et Novak Djokovic.

Le débat autour du GOAT pose une équation à deux inconnues. La première, et pas des moindres : comment comparer des époques, des surfaces, des matériaux et des générations différentes ? L'ancien champion suédois Mats Wilander rappelle par exemple que « Federer n'est pas de la même génération que Nadal ou Djokovic » et que « se faire une place dans une autre génération que la sienne est incroyable car on n'est pas censé être compétitif face à des joueurs de cinq ou six ans de moins que soi ». Seconde interrogation : quels critères retenir pour départager les trois et selon quelle pondération ? On dit souvent que le nombre de tournois du Grand Chelem gagnés fait référence. À ce jour, Federer

1. Respectivement 24, 23 et 22 titres du Grand Chelem.

et Nadal tiennent la corde (20 tournois du Grand Chelem chacun) mais Djokovic (18), le plus jeune des trois, a encore quelques années devant lui pour dépasser ce record. Quid des autres critères : les tournois Masters 1 000 ? la longévité en tant que numéro 1 ? les confrontations directes ? le nombre de victoires totales ? l'empreinte laissée sur le sport ? L'entraîneur australien Roger Rasheed estime par exemple que Federer mérite d'être le GOAT en raison de « son impact » sur le tennis, et le sport en général.

Qu'en pensent les intéressés eux-mêmes ? Federer et Nadal, même s'ils y songent certainement, semblent avoir pris de la distance avec ce débat. Djokovic, en revanche, en a fait un objectif ouvertement assumé : « J'ai déjà dit que je voulais dépasser Federer, comme je voulais déjà dépasser Pete Sampras avant. C'est un de mes plus grands objectifs, je veux juste en gagner le plus possible », a rappelé le Serbe en juin 2020. Des trois, c'est donc lui qui en a le plus besoin. À défaut de gagner les cœurs, Djokovic doit gagner des titres. L'accumulation de records doit pallier le manque de popularité.

Quel que soit le bout par lequel on la prend, l'équation du GOAT reste insoluble. S'y entremêlent des éléments rationnels et passionnels, s'y mélangent des facteurs impossibles à hiérarchiser. Ce débat est un peu le tonneau des Danaïdes du tennis : un puits qu'on remplit sans fin parce que le fond est percé. Le journaliste sportif Laurent Vergne[1] propose une issue consensuelle à ce problème quasi existentiel : « Le GOAT, c'est d'abord votre GOAT. Et c'est très bien comme ça. »

Et s'il devait n'en rester qu'un ?

Federer, Nadal et Djokovic jouent toujours et peuvent donc encore modifier les rapports de force. Le Suisse codétient le nombre de victoires en Grand Chelem (20) et a remporté le plus de titres sur le circuit (103) ; l'Espagnol a dominé sur terre battue dans des proportions inouïes, notamment à Roland-Garros (13 victoires), et il est le seul des trois à avoir décroché une médaille d'or olympique en simple ; le Serbe a l'ascendant direct sur ses deux rivaux et vient de battre le record de longévité à la place de numéro 1 mondial détenu jusqu'ici par Federer (310 semaines).

Mais s'il devait n'en rester qu'un, et indépendamment de la suite, ce serait évidemment le Maître. Pour

1. Laurent Vergne, « L'impossible et infernal débat du GOAT », Eurosport.fr, janvier 2020.

une raison simple : à l'instar du FC Barcelone qui se présente comme étant « plus qu'un club », Roger Federer est « plus qu'un joueur de tennis ». Par son jeu et par son aura, il est parvenu à transcender son sport et à le faire déborder de son cadre d'origine. Un dépassement de fonction semblable à ce que Michael Jordan avait accompli dans le basket il y a trente ans. Des Trois Fantastiques, il est le seul à avoir porté le tennis à un tel niveau de notoriété. Cette idée se retrouve en filigrane dans la belle formule de l'ancienne championne Martina Navratilova : « Federer est le meilleur joueur de tous les temps mais Nadal est le meilleur des deux. » Changez Nadal par Djokovic et vous obtiendrez un énoncé tout aussi valable. Finalement, la grandeur d'un sportif se construit davantage dans le cœur du public que dans les colonnes Excel, davantage dans l'incandescence des stades que dans la froideur des statistiques. À la mort de Maradona en novembre 2020, l'Élysée avait aussi tranché la question de cette façon dans un communiqué : « Diego Maradona est-il le plus grand joueur de football de tous les temps ? Les larmes de millions d'orphelins y répondent en ce jour par une évidence douloureuse. » Au diable le palmarès, les records, les titres, les chiffres et les comptes d'apothicaire : être perçu comme le plus grand revient de fait à l'être.

Dans le cas de Federer, un minimum d'honnêteté intellectuelle nous oblige cependant à admettre que ce raisonnement comporte une part de post-rationalisation et qu'il cherche une porte de sortie au cas où les derniers records du Suisse tomberaient. C'est un argument développé par tous les fans de Federer. En est-il moins vrai ? On laisse le mot de la fin à Laurent Binet et Antoine Benneteau dont le *Dictionnaire amoureux du tennis* est aussi en secret un « Dictionnaire amoureux de Federer » : « Il reste peut-être une seule chose à faire : révéler son secret. Il ne s'agit pas de palmarès, bien sûr. Gagner, qu'est-ce que c'est ? On n'a jamais demandé à Shakespeare, Mozart, Van Gogh ou Cruyff de gagner. »

Le culte Federer

***

Est-il possible de mesurer la popularité de Roger Federer ? Pour se faire une idée, on serait spontanément tenté de scruter les résultats des enquêtes d'opinion. En 2011, un sondage mené par le Reputation Institute auprès de 50 000 personnes dans cinquante pays révélait que Federer était la deuxième personnalité la plus respectée au monde après Nelson Mandela. En 2017, 90 000 répondants à un sondage sur le site de *L'Équipe* considéraient qu'il était le plus grand sportif de l'histoire, devant Michael Jordan et Mohamed Ali.

S'ajoutent à cela les innombrables prix décernés par les fans tout au long de sa carrière. L'anecdote peut prêter à sourire : en 2020, le champion suisse a obtenu pour la dix-huitième année consécutive le titre de joueur préféré des fans lors des ATP Awards…

après avoir joué seulement six matchs sur le circuit (dont une demi-finale à l'Open d'Australie) ! Depuis 2003, ni Djokovic ni Nadal n'ont réussi à obtenir cette récompense si particulière.

Quelques esprits chagrins insinuent que l'admiration dont il fait l'objet auprès du public serait due à son omniprésence médiatique. En somme, il y aurait « ceux qui aiment Federer » et « ceux qui le connaissent vraiment ». Ce sous-entendu ne résiste pas à l'épreuve des faits : même parmi ses pairs, le Suisse jouit d'une cote d'amour très élevée. Le Maître a remporté plus de treize fois le prix Stefan Edberg de la sportivité de l'ATP, issu des votes des joueurs du circuit professionnel. Depuis 2004, seul Rafael Nadal est parvenu à faire une incursion dans ce classement (2010, 2018, 2019, 2020).

Voilà pour les chiffres. Ces derniers ne disent cependant rien ou si peu de la nature du lien qui unit Roger Federer à ses supporters. Un mélange fait d'exultation, de dévotion et de fascination aveugles. De l'admiration au culte de la personnalité, voire au culte tout court, il n'y a parfois qu'un pas.

Certaines anecdotes en témoignent. À la manière d'un interdit religieux, la grande violoniste allemande Anne-Sophie Mutter, qui se déclare « amoureuse » de Roger Federer, va jusqu'à décaler certains de ses concerts pour voir des matchs du Suisse. On ne joue pas en même temps que le Maestro. D'autres histoires relèvent de l'expérience mystique, voire du miracle. Le 12 décembre 2004, un Espagnol (Jesus Aparicio), grand fan du Maître, est victime d'un terrible accident de la route qui va le plonger dans le coma pendant onze ans. Le 27 août 2015, il se réveille auprès de sa mère, alors présente à son chevet. L'une de ses premières préoccupations est de s'enquérir de l'état de son idole. « J'ai eu une sorte de flash dans mon esprit : je me suis demandé ce qu'il devenait. Vu le temps qui s'était écoulé, je pensais qu'il avait raccroché et pris sa retraite. Alors, quand on m'a appris que, à 34 ans, Federer jouait encore, je suis tombé des nues ! » raconte l'intéressé.

À l'instar d'un guide spirituel, Federer est parvenu à rassembler autour de lui une large communauté de croyants, composée aussi bien de simples pratiquants que de fanatiques inconditionnels. Bill Gates, Anna Wintour, Lionel Jospin, Bernard Arnault, Alexandre Bompard, Thomas Sotto… on ne compte plus les célébrités, internationales ou françaises, qui lui ont ouvertement déclaré leur flamme. Mais le Maître brasse large. Ses supporters viennent de tous horizons et de toutes catégories sociales. La table federienne est volontiers œcuménique : pourraient s'y côtoyer des CSP+ et des catégories populaires, des pro et des antinucléaires, des démocrates et des républicains américains… Dans cette Cène-là, point de Judas. La concorde règne. « Little Satan », le surnom dont Federer avait été affublé, jeune, en raison de ses brusques accès de colère, a définitivement raccroché la raquette. Comment le Dieu suisse a-t-il créé un lien si spécial avec ses fidèles ?

Une large communauté de croyants

Du rapport de Roger Federer à la religion, on sait finalement peu de chose. Tout au plus sait-on qu'il est un catholique ayant grandi dans un pays majoritairement protestant. Non pratiquant, il s'est dit toutefois marqué par sa rencontre avec le pape Benoît XVI en 2006, en marge du tournoi de Rome.

C'est donc avant tout dans le regard des autres que (se) vit la religion federienne. Médias et supporters ont abondamment pioché dans le vocabulaire religieux pour décrire le jeu ou la personne de Federer. On le retrouve dans les titres de la presse s'extasiant devant certains de ses exploits (« Divin » en une de *L'Équipe*, le jour de sa victoire à Wimbledon en 2017) ou dans les envolées lyriques des commentateurs devant certains de ses coups (« C'est un dieu vivant quand il joue », dans la bouche de Lionel Chamoulaud à Roland-Garros il y a une dizaine d'années).

Même « à froid », lorsque des écrivains prennent la plume pour évoquer Federer, les références célestes ne sont jamais bien loin. En témoigne la célèbre formule de David Foster Wallace dans un article pour le *New York Times* en 2006 : voir jouer Federer constituerait « une expérience religieuse ». Rien que ça. Le romancier américain n'est pas le seul à avoir eu recours à ce genre de comparaisons. Dans son roman d'espionnage *Un traître à notre goût* paru en 2010, où la finale de Roland-Garros 2009 joue un rôle clé dans l'intrigue, John le Carré assimile tout simplement le joueur à Dieu : *« God does not sweat »* (Dieu ne transpire pas). En septembre 2020, dans une interview accordée au *Journal du Dimanche*, c'est l'écrivain Laurent Binet qui divinise le champion suisse, certes dans le cadre d'une religion polythéiste : « Federer est un dieu, mais mon dieu c'est McEnroe… »

Sans aller jusqu'à voir en « RF » un *Deus creator omnium* (à l'origine du monde et de toute chose) ou un *Salvador Mundi* (un rédempteur rachetant les péchés de l'humanité), il est frappant que le registre divin lui soit si souvent associé, alors même que nos sociétés – occidentales du moins – sont depuis plusieurs dizaines d'années déjà marquées par la sécularisation et la « sortie de la religion », pour reprendre une formule célèbre de l'historien Marcel Gauchet. Les métaphores religieuses et expressions christiques continuent pourtant d'être régulièrement convoquées pour narrer les exploits de Federer ou d'autres grands sportifs : « marcher sur l'eau », « attendu comme le Messie », « panthéon du sport »…

Dans ses livres *Sapiens* et *Homo Deus*, l'historien Yuval Noah Harari perçoit avant tout la religion comme un récit commun dont le rôle est « d'unifier l'humanité » en donnant « une légitimité surhumaine à des structures fragiles ». Si l'étymologie même du mot « religion » a donné lieu à de vives controverses à travers les siècles, deux pistes sémantiques prédominent. L'une renvoie au terme latin *relegere* (relire, réélire) et l'autre à *religare* (lier, relier). La première est plutôt d'ordre individuel (la religion comme rapport du croyant à Dieu), la seconde comprend une dimension plus collective (la religion comme lien social). Dans cette opposition étymologique, la religion federienne serait plus proche de *religare* que de *relegere* car Federer est avant tout une figure qui « relie » une grande communauté.

Une religion au-dessus des nations

D'ordinaire, le seul récit biblique qui a sa place dans le tennis en particulier et le sport en général est celui de David terrassant Goliath. Le public raffole des scénarios où un joueur mal classé parvient, le temps d'une rencontre, à se transcender et à renverser des champions réputés insubmersibles. Lors de l'étrange Roland-Garros 2020, le « petit » Hugo Gaston, Français de surcroît, a été porté par la centaine de spectateurs présents face au « géant » Stan Wawrinka. Au cinéma, ce modèle a servi de trame narrative à nombreux films. L'exemple le plus connu est certainement celui de Rocky Balboa, enfant des quartiers pauvres de Philadelphie, qui tient la dragée haute à Apollo Creed dans *Rocky I*, avant de le vaincre dans *Rocky II*.

L'un des seuls paramètres susceptibles de transformer un stade de tennis, d'habitude si raisonnable, en chaudron bouillonnant tient à la présence d'un joueur local sur le court. On pourrait certes croire que dans un sport individuel comme le tennis, les comportements chauvins n'ont pas droit de cité, le public étant davantage intéressé par la qualité du jeu que par la nationalité des compétiteurs. C'est pourtant assez vite oublier l'incroyable ferveur franchouillarde qui s'exprime parfois dans les stades. On pense notamment aux grandes rencontres de Coupe Davis ancienne formule. Ceux qui se souviennent de la légendaire finale de Coupe Davis 1991 opposant la France aux États-Unis savent bien que le tennis est aussi une affaire de drapeaux. Un attachement viscéral à la nation que symbolise cette petite phrase si pénible à entendre chaque année du côté de la porte d'Auteuil : « Il n'y a plus de Français à Roland-Garros. »

Mais voilà : Federer suffit à faire voler en éclat les frontières traditionnelles du sport. L'amour de Roger est plus fort que celui de la bannière.

Certains Français sont bien placés pour le savoir. Le dimanche 2 juin 2013, le public présent sur le court Philippe-Chatrier a la chance d'assister à un huitième de finale entre Roger Federer et Gilles Simon. Dans un monde normal, la simple présence d'un *Frenchy* un dimanche à Roland-Garros aurait provoqué un vaste élan patriotique donnant des ailes au local de l'étape et des sueurs froides à son adversaire. Ce jour-là, la réalité est tout autre. Le premier set est rapidement plié par l'ex-numéro 1 mondial mais dans le deuxième set, la mécanique suisse se grippe. Simon s'accroche, parvient à égaliser et même à remporter le troisième set. Au lieu de pousser le Français, le public parisien prend fait et cause pour le Suisse, alors dos au mur. Federer revient finalement au score pour écarter en cinq sets et en trois heures son adversaire. Médusé par la scène qu'il vient de vivre, Gilles Simon fait part de son désarroi lors de la conférence de presse : « Roger, tout le monde l'aime, même ici à Roland-Garros, putain ! » On aurait envie de dire « surtout ici », où Federer endossa, une fois n'est pas coutume, plus souvent le rôle de victime que de bourreau. L'affection du public français pour « RF » se manifesta même lors de la finale de la Coupe Davis 2014 entre la Suisse et la France, au cours de laquelle une bonne partie du stade de Lille prit fait et cause pour le Maître.

Scène similaire de l'autre côté de la Manche, le 9 juillet 2015 à Wimbledon. Au cours d'une demi-finale de rêve où Federer livre probablement l'un de ses plus beaux matchs sur gazon, le public londonien soutient sans scrupule le Maître suisse et non son chouchou écossais, Andy Murray. Le même Andy Murray qui avait pourtant offert au tennis britannique en 2013 son premier Wimbledon… depuis Fred Perry en 1936. Dans *Rocky IV*, certes pas le meilleur film de la saga, on se souvient aussi que le public soviétique acclame finalement l'enfant de Philadelphie devant la beauté de son combat contre le colosse sans âme, Ivan Drago. Hollywood en a rêvé, Federer l'a (re)fait.

Le joueur est donc parvenu à établir un lien unique avec les supporters de tennis. Une relation qui transcende les appartenances nationales et dépasse les attitudes cocardières. Dans l'histoire, seules certaines grandes idéologies religieuses et politiques se sont ouvertement revendiquées transnationales. Le quotidien communiste *L'Humanité* titrait dans les années 1950 : « La France est notre pays, mais l'URSS est notre patrie. » Soixante-dix ans plus tard, le public français pourrait dire : « La France est notre pays, mais le federisme est notre patrie. »

Comme l'avait concédé une journaliste suisse citée par *Le Figaro* en 2013 à la suite de la défaite de Gilles Simon à Roland-Garros, « Federer est un phénomène mondial. Quelque part, il ne nous appartient plus ». En effet, il appartient à tout le monde, à cette immense communauté d'adeptes qui se rassemble pour le voir jouer et vibre au rythme de ses performances, même par écrans interposés.

Il y a de tout chez les admirateurs de Federer. Sans doute la grande famille federienne est-elle en partie constituée de simples badauds et supporters occasionnels, à l'instar de ces Français qui ne s'intéressent au tennis qu'au moment de Roland-Garros. On trouve aussi un énorme noyau dur d'aficionados présents aux quatre coins du globe et prêts à s'extasier à chaque apparition de leur idole.

Federophiles, federolâtres, federermaniaques… Différentes appellations existent pour désigner les plus fervents supporters du Suisse. Les réseaux sociaux regorgent de comptes de soutien à sa gloire.

Comme toute communauté de croyants, celle de Federer a ses rites. Des messages de fans lui sont remis en main propre à chaque tournoi (et pas uniquement du Grand Chelem). Les mots d'encouragement sont consignés dans une « enveloppe rouge » ou *golden envelope*. Ce rituel est né en 2003 lors de sa première victoire à Wimbledon et n'a jamais cessé depuis. Federer serait très sensible à cette tradition, preuve qu'on peut être amateur de lignes sur le court et amateur de mots sur papier.

Le syndrome de Federer

Voir jouer Federer est-il dangereux pour la santé ? Bien sûr, le tennis n'est pas le seul sport à susciter des émotions intenses. Une étude publiée en 2008 dans le *New England Journal of Medecine* sur les accidents cardiaques survenus à Munich à l'occasion de la Coupe du monde de football 2006 était arrivée à la conclusion que « regarder un match de football à enjeu augmentait de plus du double le risque d'un accident cardiovasculaire » et que « les hommes présentant des maladies coronariennes devaient prendre des mesures préventives en prévision de certains matchs ». Il y était notamment révélé que le quart de finale opposant l'Allemagne à l'Argentine, qui s'était soldé par la victoire de la Mannschaft aux tirs au but, fut à l'origine de la plus grande hausse des cas d'infarctus dans la ville.

Au-delà des symptômes physiques liés au stress, le sport peut-il déclencher des troubles psychologiques et psychosomatiques ? Une sorte de vertige mental semblable au « syndrome de Stendhal »[1] ? Le syndrome de Stendhal fait référence à l'expérience vécue par l'écrivain en sortant de la basilique Santa Croce à Florence en 1817. Alors qu'il observe la coupole, pris de vertiges, il écrit : « J'étais arrivé à ce point d'émotion où se rencontrent les sensations célestes données par les Beaux-Arts et les sentiments passionnés. En sortant de Santa Croce, j'avais un battement de cœur, la vie était épuisée chez moi, je marchais avec la crainte de tomber. » Cette expérience mystique ressemble à s'y méprendre aux « moments Federer » décrits par David Foster Wallace et cités précédemment. Une sorte d'élévation spirituelle qui bouleverse intimement et profondément ceux qui la vivent. Le voir jouer en vrai constitue le Graal absolu. On veut en être, même lorsqu'il n'y a aucun enjeu. En 2020, le match de gala organisé en Afrique du Sud entre

1. Stendhal, *Rome, Naples et Florence*, 1817.

Federer et Nadal a rassemblé près de 52 000 personnes, soit la plus grande affluence de l'histoire pour un match de tennis. L'année d'avant, la mini-tournée du Suisse en Amérique du Sud avait déclenché des scènes de liesse – voire d'hystérie – collective dans des stades bondés.

Certains pensent que « Roger Federer est la preuve de l'existence de Dieu », d'autres, comme le professeur de philosophie Raphaël Enthoven, estiment à l'inverse et non sans malice que « Dieu est la preuve de l'existence de Federer ». On ne saurait dire si Federer est divin au sens littéral mais il y a quelque chose de « surhumain » ou d'« a-humain » chez lui. En jouant encore au plus haut niveau à presque 40 ans et en repoussant donc les limites du temps, il défie symboliquement la finitude et la mort auxquelles les religions tentent de donner un sens. Avec Federer, la vie d'après n'est plus une promesse mais une réalité, comme s'il nous disait : « L'au-delà est déjà là. »

Est-il possible de croire en Dieu et en Roger Federer ?

Avec la célébrité, certaines rockstars – dont Federer a admis qu'elles avaient en commun avec les joueurs de tennis (l'inspiration et le contact direct avec les fans) – ont osé prétendre « remplacer les dieux ». On pense notamment à la déclaration de John Lennon corrélant la « beatlemania » triomphante des années 1960 au déclin du christianisme. Interviewé en 1966 par le *London Evening Standard*, Lennon affirme : « Le christianisme s'en ira. Il diminuera et disparaîtra… On est bien plus connus que Jésus maintenant ! » Cette petite phrase déclencha un tollé au Royaume-Uni et dans de nombreux pays à fortes communautés chrétiennes, obligeant même les Beatles à annuler leur tournée aux États-Unis.

Cette question blasphématoire en appelle une autre en filigrane : les religions monothéistes autorisent-elles à idolâtrer une célébrité ou un sportif ? Autrement dit, Dieu et Federer peuvent-ils coexister pacifiquement ? Une lecture stricte du Décalogue inviterait à répondre à cette question par un non catégorique. Après tout, le premier commandement est formel : « Tu n'auras pas d'autres dieux face à moi. » Pour Noémie Issan-Benchimol, diplômée en philosophie et études hébraïques de l'École normale supérieure (Ulm), « demander à la religion monothéiste – qui a fait du rejet de l'idolâtrie son credo, sa croix et sa bannière – si on peut idolâtrer quelqu'un ou quelque chose, c'est un peu comme demander à une féministe si on a le droit d'être misogyne ».

Faut-il pour autant considérer l'idolâtrie comme interdite ? Encore une fois, tout dépend de la définition qui en est donnée. Selon Noémie Issan-Benchimol, « idolâtrer, c'est prêter à un être humain ou à une créature quelle qu'elle soit des caractéristiques divines, et par là même se poser soi-même en serviteur de l'idole, ce qui paralyse l'exercice de notre humanité, c'est-à-dire de notre liberté. Or, être supporter ou fan, ce n'est pas prêter des caractéristiques divines à son champion, croire qu'il a des dons de thaumaturge ou de sauveur, c'est simplement tenir que ce sportif a atteint une forme de perfection dans la pratique de son art ou de son sport, c'est y voir l'incarnation d'un idéal ». Dès lors, pour la religion juive du moins, « il n'y a donc pas de problème à avoir un sportif qui serve d'*exemplum* et qui soit l'objet d'une admiration sincère ». D'autant que dans le cas du Suisse, il semble, rappelle-t-elle, qu'il y ait « une dimension d'appréciation éthique qui se joigne à l'appréciation esthétique : ce qui fascine, c'est l'élégance du fair-play, c'est le beau jeu, c'est encore le coup parfait qui a gommé toute trace de l'effort et qui exhibe de ce fait l'absence de toute finalité pratique. » En somme, Federer collerait moins à l'image de Dieu qu'à celle du *Mensch* dans la culture yiddish. Une sorte « d'honnête homme » des temps modernes, noble de cœur et d'esprit, qui agit au service du bien et du beau.

L'idolâtrie reste donc possible, voire bienvenue, tant qu'elle se traduit par la quête d'une amélioration de soi. Quel fan de Federer n'a pas essayé de reproduire ses gestes sur un court ou n'a pas cherché à appliquer à sa propre vie son exigence de sportivité ? Si, en revanche, « vous vous mettez à croire que la transpiration de Federer peut guérir de la lèpre ou faire revenir l'être aimé et que cette admiration se met à prendre trop de place dans votre vie mentale, il y a lieu de commencer à s'inquiéter », conclut, facétieuse, Noémie Issan-Benchimol.

Le public, une arme à double tranchant ?

La liturgie tennistique est spéciale. Par la configuration et les dimensions du terrain, le tennis offre une scénographie particulière comparée aux autres sports : deux joueurs, seuls, appelés à s'affronter sans se toucher, entourés de milliers de spectateurs à seulement quelques mètres de distance. Le public est souvent exigeant, voire difficile. À la différence d'un supporter de football, qui peut réserver une place pour assister à la rencontre de son choix entre « son » équipe et une équipe adverse, le supporter de tennis, lorsqu'il achète ses billets plusieurs semaines à l'avance, ne sait jamais qui sera à l'affiche le jour où il viendra au stade. Même voir jouer Federer, pourtant habitué aux derniers carrés des tournois, est un pari qui n'est pas toujours couronné de succès. En clair : un supporter de foot vient voir son équipe, un fan de tennis vient voir du tennis. Et du beau si possible. Cette pression est parfois difficile à supporter pour les joueurs et les joueuses. Interrogée par *Eurosport* lors de l'US Open 2020, joué à huis clos pour cause de Covid, Serena Williams avait confié sentir « moins de pression sans public ».

Silences de cathédrale

Une particularité du tennis et de son public tient sans doute à la tension permanente entre silence et agitation. Alors qu'un match de foot se joue sur fond de vacarme incessant entre les célébrations de buts, les huées et les chants de supporters, une partie de tennis oscille constamment entre silences de cathédrale et applaudissements enthousiastes. C'est assurément à Wimbledon que ce rituel est le plus codifié et le mieux respecté. Entre les points, seul le bruissement du public permet de savoir si le match est plaisant ou non. Les discussions se font *mezza voce* jusqu'à ce que l'arbitre, officiant tel un maître de cérémonie, impose à nouveau le silence d'un solennel *« quiet please »* (silence s'il vous plaît).

Dans certains sports, l'exclamation du public peut être la manifestation d'une erreur ou un d'échec : celui du footballeur qui manque un but tout fait, de la patineuse qui trébuche, du golfeur qui rate un trou… Au tennis, les spectateurs interviennent la plupart du temps pour saluer un beau coup ou un beau point. Le public s'autorise même à célébrer bruyamment certains échanges ou matchs à rebondissements. A contrario, applaudir des fautes, notamment les doubles fautes, est très mal vu. Un quasi sacrilège.

À ce jeu affinitaire avec le public, Roger Federer sort chaque fois gagnant. Même le public de l'US Open, réputé difficile et qui a mis du temps à adopter le Suisse, a fini par définitivement chavirer un soir de septembre 2009 sur un tweener/passing gagnant du Maître dans une demi-finale victorieuse contre Djokovic[1]. Si Federer assure aimer l'ambiance des quatre tournois du Grand Chelem, il n'en va pas toujours de même chez les autres joueurs. En 2017, la joueuse espagnole Garbiñe Muguruza soulignait le caractère irrespectueux du public de Roland-Garros. En 2009, après l'élimination de Rafael Nadal (contre Robin Söderling), son oncle Toni n'y alla pas par quatre chemins : « Ils le disent eux-mêmes et c'est vrai, le public parisien est stupide [...]. Souhaiter la défaite de quelqu'un est une façon vaniteuse de s'amuser. »

Vox populi, vox dei ?

Jusqu'à l'invention de la procédure de canonisation au XIIIe siècle, l'accès à la sainteté dans la religion catholique était décidé par les fidèles eux-mêmes. Cette pratique a donné naissance au célèbre adage *vox populi, vox dei* (« la voix du peuple est la voix de Dieu » ou « ce que le peuple veut, Dieu le veut »). Si elle était encore en vigueur aujourd'hui, nul doute que Federer aurait sa place parmi les saints, car c'est ainsi qu'en a décidé le peuple de la balle jaune.

1. 7-6, 7-5, 7-5.

Dans son *Discours sur la première décade de Tite-Live*[1], Machiavel fit une lecture enthousiaste de cette vieille formule latine : « Ce n'est pas sans raison qu'on dit que la voix du peuple est la voix de Dieu. On voit l'opinion publique pronostiquer les événements d'une manière si merveilleuse, qu'on dirait que le peuple est doué de la faculté occulte de prévoir et les biens et les maux. » Pourtant, huit siècles plus tôt, le moine anglais Alcuin mettait en garde Charlemagne contre les passions populaires, aléatoires et dangereuses : « Ces gens qui continuent à dire que la voix du peuple est la voix de Dieu ne devraient pas être écoutés, car la nature turbulente de la foule est toujours très proche de la folie. »

Parfois, justement, l'amour porté par le public à Federer dans un stade confine à la folie destructrice. Rappelons-nous l'ambiance odieuse que les spectateurs new-yorkais avaient réservée à Marin Čilić en demi-finale de l'US Open 2014, hué alors qu'il s'apprêtait à battre le Suisse[2]. Une telle adulation peut même s'avérer contre-productive. Les supporters de Federer sont bien placés pour savoir que certains adversaires sont

1. Nicolas Machiavel, *Discours sur la première décade de Tite-Live*, 1531.
2. 6-3, 6-4, 6-4.

parvenus à transformer la haine du public en source de motivation supplémentaire.

Novak Djokovic, dont la force mentale constitue l'une des armes les plus redoutables, est devenu un expert en la matière. En 2015 à l'US Open, à l'occasion d'une finale incroyablement frustrante remportée par le Serbe[1] où le Suisse ne convertit que 4 balles de break sur 23, le « Djoker » s'est littéralement nourri de l'hostilité du public pour la transformer en énergie. « J'ai essayé de me concentrer sur les spectateurs qui étaient en ma faveur », racontera-t-il, goguenard, en conférence de presse. Rebelotte quatre ans plus tard en finale de Wimbledon. Au fil du match, l'atmosphère feutrée du très chic *All England Lawn Tennis and Croquet Club* fit place à une ambiance survoltée digne de la Coupe Davis. À 8-7 dans le cinquième set, alors que Federer se rapprochait du titre en obtenant deux balles de match, le stade semblait déjà célébrer ce qui devait être la consécration ultime du champion suisse et le point final à la question du GOAT. On connaît la suite. Djokovic pouvait une nouvelle fois plastronner : « La foule criait “Roger”, mais moi j'entendais

1. 6-4, 5-7, 6-4, 6-4.

“Novak”. » La religion federienne devrait dorénavant faire figurer un nouveau commandement sacré à sa table de lois : « Tu n’invoqueras pas le nom de Federer en vain. »

La marque « RF »

***

Roger Federer a-t-il lu Jacques Pilhan ? À première vue, aucun rapport entre le champion suisse et celui qui fut le *spin doctor* de deux anciens présidents de la République française, François Mitterrand et Jacques Chirac. Publicitaire autodidacte et joueur de poker à ses heures perdues, Jacques Pilhan est notamment connu pour avoir théorisé la notion de rareté dans la communication politique. Dans une contribution à la revue *Le Débat* en 1995[1], il explique qu'une prise de parole dans l'opinion est d'autant plus puissante qu'elle n'est pas fréquente : « En tant qu'homme public, si je parle souvent, je me confonds avec le bruit médiatique. La fréquence rapide de mes interventions diminue considérablement l'intensité du désir de m'entendre et l'attention avec laquelle je suis écouté. Si, en revanche,

1. Jacques Pilhan, « L'écriture médiatique », *Le Débat*, novembre-décembre 1995.

je me tais pendant un moment, le désir de m'entendre va s'aiguiser. L'attention qu'on va prêter à mes paroles va être considérable. »

Federer, qui se fait rare, excepté ses obligations médiatiques pendant les tournois, est peut-être sans le savoir un adepte de la doctrine pilhanesque. Car que sait-on finalement du Suisse lorsqu'il n'est pas sur le circuit ? Peu ou pas grand-chose. Les silences de Federer s'observent aussi bien entre les lignes du court que dans les couloirs de l'information. Communication soignée, sobre et discrète. Le Suisse parle peu, ce qui ne l'empêche pas de faire beaucoup. L'instantanéité de l'info en continu et le brouhaha des réseaux sociaux ne sont pas trop sa tasse de thé. À l'image de sa carrière, Federer préfère jouer la carte du long terme. Depuis ses débuts, il bâtit un récit cohérent fait de mesure, d'élégance et de justesse.

Ce storytelling a fait de Federer une marque puissante, y compris au sens littéral du terme. Les sponsors lui font les yeux doux. Ses initiales « RF » sont devenues une signature déclinée sur de nombreux produits dérivés. Propriété de Nike depuis sa création en 2010, le célèbre logo « RF » a finalement été cédé en 2020, après une longue bataille, au nouvel équipementier du Maître, Uniqlo.

La diffusion à grande échelle du « produit » Federer a très certainement aussi été facilitée par son lieu de provenance, la Suisse. En effet, ce pays, petit par la taille mais influent sur la scène internationale, véhicule dans l'imaginaire collectif des valeurs (neutralité, retenue, tempérance, élégance) auxquelles il est facile d'adhérer et de s'identifier. Le passeport suisse de Federer l'a aidé à incarner une figure consensuelle et universelle.

Icône locale, star globale

« Il a fallu beaucoup d'années à Federer, et sa belle fluidité linguistique, pour qu'en Suisse il cesse d'être un excellent tennisman bâlois et soit sacré icône sportive suisse », relève l'historien François Garçon dans son ouvrage *Le Génie des Suisses*[1]. Dans un pays fédéral qui compte vingt-six cantons et quatre langues officielles (allemand, français, italien, romanche), le sentiment d'appartenance est d'abord local. En France,

1. François Garçon, *Le Génie des Suisses*, Tallandier, Paris, 2018.

on se vit comme Auvergnat, Alsacien ou Picard mais aussi comme Français. En Suisse, on vient de Vaud, de Schaffhouse ou des Grisons avant de se définir comme Suisse. Le rapport à la nation helvète est si singulier que l'artiste Ben Vautier avait, de manière provocatrice, choisi comme devise du pavillon suisse pour l'Exposition universelle de Séville en 1992 : « La Suisse n'existe pas ».

Federer n'échappe pas à cette règle : de nationalité suisse, certes, mais venant de Bâle, la ville où il est né, et de Bâle-Campagne, le canton où il a grandi. Conquérir le cœur de ses compatriotes et se faire une place dans le panthéon du sport suisse lui ont demandé un peu de temps. Comment Federer est-il devenu un héros national ?

Un prophète en son pays

Par sa personnalité et son jeu, Roger Federer est un parfait représentant de l'esprit suisse et de toutes les valeurs qui lui sont associées : l'excellence, la stabilité, la fiabilité, la rigueur et la pudeur aussi. La vie de l'homme public est pleinement raccord avec celle de l'homme privé. « Il n'y a pas de raison que Federer soit moins adulé en Suisse que partout ailleurs. Son image de gendre idéal et de bon père de famille est très appréciée ici », nous rappelle François Garçon. À l'inverse, son compatriote Stan Wawrinka, divorcé et réputé fêtard, mène une vie plus éloignée des standards helvètes en la matière. Vainqueur de trois tournois du Grand Chelem, ce dernier aurait mérité une plus grande reconnaissance mais il a été en grande partie éclipsé par l'astre Federer.

L'histoire d'amour des Suisses pour leur « Rodgeur » n'est pourtant pas née spontanément. Elle a mis un peu de temps à se former et à s'enraciner. Le journaliste du *Financial Times* Simon Kuper[1] avance cette hypothèse : « Il est poli mais il sait fort bien qu'il est excellent. Les Suisses ont dû calmer quelque peu ses ardeurs pour qu'il représente le héros helvétique parfait. » Est-ce pour cette raison que Federer ne fut pas élu champion suisse de l'année 2005, alors qu'il venait d'accomplir l'une de ses meilleures saisons ? Bien que récompensé à de nombreuses reprises, il a plusieurs fois été détrôné de ce classement par des champions issus d'autres disciplines reines en Suisse : le ski, la lutte ou le cyclisme. Pour être prophète en

1. Bulletin spécial du Crédit Suisse, *Héros – Les moments magiques du sport*, juin-juillet 2012.

son pays, l'homme Federer a donc dû se hisser à la hauteur du joueur Federer.

Si le Maestro incarne si bien la Suisse, c'est aussi parce qu'il incarne toute la Suisse. Germanophone, il parle aussi très bien le français (qu'il a appris étant jeune au centre de formation d'Ecublens) et comprend l'italien. Au-delà de sa maîtrise des langues, son attitude reflète la diversité des Suisses. Selon Arnaud Cerutti, journaliste sur RTS Sport, « Federer allie la rigueur suisse allemande à la coolitude suisse romande[1] et italienne. » Une fois encore, il est la synthèse. Dans une chronique sur France Inter en 2018, l'humoriste Thomas Wiesel vantait les facultés pacificatrices et unificatrices du Maître : « Il est le seul truc qui nous rassemble encore. Tout le pays se réveille le dimanche matin et, au lieu d'aller la messe, on allume la télé pour voir ses matchs. » Rappelons aussi que Roger Federer, sans être candidat, a obtenu 132 voix aux élections législatives suisses en 2011 et qu'une pièce de monnaie commémorative a été émise en son honneur en 2020 (un privilège autrefois réservé aux rois dans un pays confédéré !).

1. La Suisse francophone.

On pourrait aller plus loin en affirmant qu'il ne s'est pas contenté de représenter, presque passivement pourrait-on dire, la Suisse. Il a aussi apporté un petit supplément d'âme à son pays en lui insufflant une touche de modernité et de décontraction. L'Helvétie pouvait-elle rêver meilleur ambassadeur ? Laurent Chiambretto, auteur du livre *Rodgeur Forever*, estime non sans humour qu'il est « la meilleure chose que la Suisse ait exportée depuis Toblerone et Heidi ». Le charme du VRP Federer agit jusque dans les contrées les plus reculées. Interrogé par la *House of Switzerland*[1] en 2019, le président de la fédération suisse de tennis, René Stammbach, confiait : « Dernièrement, pour raisons privées, je me trouvais en Argentine, dans un petit village, très loin de la capitale. Quand les gens ont appris que j'étais Suisse, ils ne m'ont pas parlé de montres ou de chocolat, mais de Federer. Personne d'autre, sur le plan international, ne vend aussi bien la Suisse que lui. »

Si la Suisse se sent Federer, Federer se sent-il suisse, lui ? Dans une interview à *Sports Illustrated* en 2014, il déclarait sans ambiguïté : « C'est un pays dans lequel il est incroyable de grandir. Il m'a donné la liberté

1. Une entité dépendant du Département fédéral suisse des Affaires étrangères, chargé de la promotion de l'image de la Suisse à l'étranger.

dont j'avais besoin, et en ce sens, j'ai eu beaucoup de chance. La Suisse m'a toujours apporté son soutien. [...] Quand vous faites quelque chose d'énorme, les gens vous permettent de garder les pieds sur terre. Tout le monde doit être sur un pied d'égalité. C'est ce que j'aime à propos de la Suisse. » Le fait est qu'il aura souvent répondu présent à l'appel du drapeau. Il participa à la quasi-totalité des campagnes de Coupe Davis entre 1999 et 2015 et fut choisi comme porte-drapeau de la délégation suisse aux Jeux olympiques d'Athènes en 2004 et de Pékin en 2008. Depuis ses débuts sur le circuit professionnel, il n'a pratiquement jamais manqué Bâle, son tournoi de cœur (dix-neuf participations). Le tropisme helvète du Maître se retrouve aussi dans le choix de ses sponsors : sur sa douzaine de partenaires, une bonne moitié sont des marques suisses (Rolex, Crédit Suisse, Lindt, Jura...). « Ses racines sont en Suisse, c'est là qu'il se sent bien », rappellent fièrement les chocolats Lindt dans leur publicité. Quand il n'est ni sur les courts ni sur les plateaux de tournage, Federer trouve encore le temps, même sans le savoir, de faire la promotion de son pays. En septembre 2016, tenu éloigné du circuit à cause d'une blessure au genou, il avait tweeté au détour d'une randonnée, photos à l'appui : « J'ai raté l'US Open mais je passe un merveilleux moment dans les montagnes suisses. » Et récolté plus de 24 000 likes ! En mars 2021, il est même devenu officiellement ambassadeur de Suisse Tourisme, l'agence en charge de vanter les attraits touristiques du pays.

L'homme de la mondialisation

La marque « RF » s'est tellement bien exportée qu'elle en est devenue mondiale. Federer n'appartient déjà plus à la Suisse, où il ne passe d'ailleurs qu'une petite partie de son temps. Où qu'il soit, où qu'il aille, il est partout chez lui. Parce qu'il est né à Bâle, une ville cosmopolite au cœur de la « banane bleue » européenne et au confluent de trois pays (Suisse, Allemagne et France), les Français comme les Allemands le considèrent un peu comme l'un des leurs. L'Afrique du Sud, dont est originaire la mère de Federer et où elle vécut jusqu'à ses 21 ans, pourrait aussi légitimement revendiquer un lien de filiation avec lui. D'autant que l'intéressé continue à entretenir une relation forte avec la patrie de Nelson Mandela, notamment par le biais de sa fondation qui y soutient de nombreux projets d'éducation.

Le parcours de Federer l'a également conduit à tisser de puissants liens avec d'autres pays. C'est le cas de l'Australie qui croisa plusieurs fois son destin. L'un de ses premiers entraîneurs, Peter Carter, était australien ; il rencontra son épouse Mirka lors des Jeux olympiques de Sydney en 2000 ; il devint pour la première fois numéro 1 mondial en 2004 à Melbourne ; il fut entraîné par la légende australienne Tony Roche entre 2005 et 2007 ; en 2017, c'est à l'Open d'Australie qu'il fit son retour triomphal après six mois d'absence… Tout cela lui fit dire un jour que l'Australie était sa « deuxième maison ». Selon une étude conduite en 2016 par l'entreprise de marketing sportif Gemba[1], Federer était l'athlète le plus populaire en Australie devant les sportifs locaux. En réalité, la federermania s'est propagée aux quatre coins du globe, du chic *All England Club* de Wimbledon à la ruche bourdonnante de Flushing Meadows, en passant par Roland-Garros où l'affection du public redoubla devant ses échecs répétés contre Nadal. En 2018, Roger Federer figurait encore parmi les cent personnalités les plus influentes du monde dans le classement du magazine *Time*. Il eut même les honneurs de la couverture. À quand une inscription au patrimoine mondial de l'Unesco de cette « huitième merveille du monde » ?

1. Citée par Simon Graf dans son livre *Federer*.

Federer est au-dessus des pays, au-dessus des partis. Sa neutralité suisse en fait un citoyen du monde. A-t-il déjà songé que son aspiration à l'universalité faisait écho à celle de l'empereur romain Marc Aurèle il y a presque deux millénaires (« Ma cité et ma patrie, c'est Rome et c'est le monde ») ? Lui arrive-t-il de faire le même « rêve de cosmopolite » que Stefan Zweig dans *Le Monde d'hier*[1] (« Je m'étais secrètement représenté combien il devait être délicieux d'être sans nationalité et, de ce fait, d'appartenir indistinctement à tous ») ? Grâce à Federer, on sait maintenant qu'il peut être délicieux d'avoir une nationalité et, de ce fait, d'appartenir indistinctement à tous.

Une communication sans faute

On aurait tort de réduire la popularité de Roger Federer à la réputation de son pays d'origine, comme s'il s'était contenté de « gérer » un capital de départ. Non, le récit federien est aussi et avant tout le fruit d'une stratégie d'image qui a été pensée, travaillée et appliquée. L'ancien conseiller « com » de François Hollande, Gaspard Gantzer, souligne justement le

1. Stefan Zweig, *Le Monde d'hier, Souvenirs d'un Européen*, 1942.

caractère « incroyablement maîtrisé et professionnel » de la communication du Suisse. Trop peut-être ? Certains lui reprochent parfois d'être devenu une « PR [*Public Relations*] machine » trop froide et trop bien huilée. Le prix à payer, sans doute, pour se protéger (un peu) de l'adoration débordante dont il fait l'objet.

Du tennis à la mode

François Mitterrand avait Jacques Pilhan, Tony Blair avait Alastair Campbell, George W. Bush avait Karl Rove, Roger Federer a… Tony Godsick, son agent et conseiller en image depuis 2005. Après une expérience commune au sein de l'agence américaine IMG, ils créèrent ensemble la société Team8 en 2013, qui gère depuis les intérêts du Suisse mais aussi d'autres joueurs (Juan Martin del Potro, Coco Gauff) et d'autres sportifs (le gardien de hockey sur glace Henrik Lundqvist). C'est cette même agence qui lança la Laver Cup en 2017 et organise régulièrement les événements caritatifs « Match for Africa »[1]. « Je peux très bien vendre Roger mais personne ne le vend mieux que lui », expliquait Tony Godsick dans une interview au *New York Times*

1. Matchs d'exhibition visant à collecter des fonds pour la Fondation Roger Federer. Le dernier en date (février 2020) opposa Federer à Nadal au Cap en Afrique du Sud.

en 2013. Quoi qu'il en soit, l'agent, qui n'a pas toujours bonne presse sur le circuit car veillant jalousement sur son poulain, a incontestablement contribué à professionnaliser et « glamouriser » la marque Federer.

Quand on veut vendre un produit, on s'assure d'abord que son packaging est attrayant. Pour que la magie opère, il a fallu que Federer fasse considérablement évoluer son look. Sa spectaculaire métamorphose physique et vestimentaire au cours des vingt dernières années en témoigne. Adieu les cheveux blonds peroxydés de la fin des années 1990 et la queue-de-cheval du début des années 2000. Place au gentleman qui entre en veste sur le gazon de Wimbledon et porte le smoking aussi bien que James Bond dans les soirées de gala. Roger Moore, Roger Federer : même combat. « Quand je serai numéro 1 mondial, on oubliera que j'ai un gros nez », avait-il juré alors qu'il n'avait que 17 ans. L'élève boutonneux et débraillé a progressivement fait place au Maître raffiné et classieux, à tel point qu'il fut élu « homme le plus élégant de la décennie 2010 » par le magazine *GQ*. Anna Wintour, célèbre rédactrice en chef du magazine *Vogue* et groupie assumée du Suisse, y est-elle pour quelque chose ? « Elle et ma femme Mirka m'ont beaucoup aidé à faire évoluer mon style. Anna est toujours disponible pour répondre à mes questions. C'est entre autres grâce à elle que je suis devenu passionné de mode », racontait-il au journal suisse *Le Temps* en septembre 2020. Une passion devenue réalité puisque Federer a lancé en 2020 sa propre gamme de sneakers, « The Roger », en association avec la firme suisse « On ». Obsédé par ce type de chaussures (on dit qu'il en posséderait plus de 250 paires !), il justifie ainsi sa nouvelle aventure entrepreneuriale : « J'ai grandi dans les années 1990, avec la culture du basket-ball, du skateboard et du hip-hop. Les baskets étaient déjà un phénomène énorme [...]. Aujourd'hui encore, les sneakers font partie intégrante du style masculin, on peut même en porter avec un costard-cravate. » Qu'on se rassure donc pour sa vie d'après-tennis : Federer a déjà (re)trouvé chaussure à son pied.

Médias traditionnels et réseaux sociaux

De manière plus générale, la communication de « RF » est à l'image de son style vestimentaire : épurée, policée, léchée. Tout est impeccable, rien ne dépasse du cadre. Un peu comme sa mèche de cheveux qu'il réajuste consciencieusement entre deux points. Le ton est posé, l'attitude positive. « Sa communication fait penser à Obama pour son côté décontracté et à Zidane pour son côté pudique », résume Gaspard Gantzer. Plutôt effacé entre deux tournois, Federer ne communique jamais à tort et à travers. Son storytelling est d'autant plus fort, lisible et cohérent qu'il n'émane que de lui-même. Aucun bruit parasite, aucune source d'interférence. Son clan ne s'exprime publiquement qu'à de rares occasions. Mirka, dont on sait le rôle éminent dans le succès de son mari, n'a donné aucune interview depuis dix ans et n'est présente sur aucun réseau social. L'« écriture médiatique » de Roger Federer, pour reprendre un concept de Jacques Pilhan, est savamment orchestrée. Dans les médias traditionnels (télévision, radio, presse écrite) où il cherche à toucher des publics différents, il est aussi à l'aise en interview avec Simon Kuper du *Financial Times* qu'avec Mouloud Achour dans *Clique* sur Canal+. Sur les réseaux sociaux, qu'il a ralliés assez tardivement (2013 pour Twitter et 2014 pour Instagram), il joue volontiers la carte de l'authenticité (il gère, semble-t-il, ses comptes lui-même) et de l'interaction avec ses fans. Au début du confinement en avril 2020, il avait lancé un jeu consistant à réaliser une série de mini-volées contre un mur de tennis… et coiffé d'un chapeau ! « Voici un exercice utile à faire seul. Voyons voir ce que vous savez faire ! Choisissez judicieusement votre chapeau… » avait-il écrit, taquin, à sa communauté qui avait relevé le défi avec bonheur.

Il en avait profité pour interpeller plusieurs personnalités du sport (Rafael Nadal, Kylian Mbappé, LeBron James, Lindsey Vonn…) et accroître la visibilité de son *wall challenge*.

Toutefois, il fait un usage modéré des réseaux sociaux. Il lui arrive de ne rien publier pendant plusieurs semaines (seulement 350 publications sur Instagram en sept ans). Il est d'ailleurs moins suivi que certains autres grands sportifs : 12,7 millions de followers sur Twitter par exemple contre 15,7 millions pour Rafael Nadal, 49,1 millions pour LeBron James et 91,2 millions pour Cristiano Ronaldo. Dans la biographie de Simon Graf, Torsten Tomczak, professeur de marketing à l'université de Saint-Gall, en Suisse, note que les cibles visées diffèrent : « Qui suit Cristiano Ronaldo sur Instagram ? les moins de 20 ans. Federer n'a pas cet attrait de masse. En revanche, il touche un public plus mûr : il peut être positionné avec des sponsors sur un segment plus premium. » Est-ce un hasard si une bonne partie de ses partenaires (Mercedes, Rolex, Moët et Chandon…) incarnent chacun dans leur domaine une certaine idée du luxe ? Enfin, la communication de Federer est essentiellement axée autour du tennis et de sa fondation, là où d'autres sportifs, notamment de la nouvelle génération, utilisent les réseaux sociaux pour faire passer des messages de plus en plus politiques (la footballeuse Megan Rapinoe sur la cause LGBT, le footballeur américain Colin Kaepernick sur la lutte antiraciste). Le Suisse, fidèle à sa réputation, préfère agir dans l'ombre.

L'orateur Federer

Comme tout sportif de très haut niveau, Federer ne maîtrise pas complètement le tempo de sa communication. En effet, lorsqu'il est en tournoi, il est soumis à pléthore d'obligations médiatiques. Avec plus de 1 400 interviews réalisées au cours de sa carrière, Federer est-il la personnalité le plus interviewée de l'histoire du sport ? Il se plie souvent de bonne grâce à cet exercice qui est pourtant répétitif et chronophage. Une particularité : alors que la majorité des joueurs expédient leurs conférences de presse en une trentaine de minutes maximum, celles du Suisse durent généralement une bonne heure. Comme le souligne Maxime Battistella, « toutes les conférences de presse de Federer sont intéressantes : il va parler du jeu, analyser le match. Il donne beaucoup aux journalistes ». La qualité des échanges n'est pas altérée par le changement de langue, au contraire. « Federer ne dit pas exactement la même chose en anglais, en français ou en suisse allemand. Ces nuances sont parfois très intéressantes », relève Maxime Battistella. Le suisse allemand lui permet de s'afficher pleinement au naturel ; l'anglais est généralement la langue de la réflexion et de l'analyse ; le français laisse transparaître une certaine émotivité.

Autre particularité : le Suisse utilise régulièrement le registre de l'humour dans ses interviews d'avant ou d'après-match, même lorsqu'il perd. Une manière de rappeler que le tennis n'est qu'un jeu, après tout. Dans le livre II de son traité de rhétorique *De oratore*[1], Cicéron rangeait l'humour et la plaisanterie parmi les principales qualités oratoires. Federer n'en manque pas ! Il n'est certes pas un tribun mais il est (devenu) un très bon orateur, polyglotte de surcroît. Cette aisance progressive à l'oral s'est manifestée de nombreuses fois à l'issue de finales qu'il a disputées. Une rapide analyse de ses trente et un discours de remises de trophées en Grand Chelem, prononcés dans l'ivresse d'une victoire ou la désolation d'une défaite, fait ressortir quelques lignes de force communes : un message de félicitations à son adversaire (« Il n'y a pas d'égalité au tennis, mais j'aurais adoré partager ce trophée avec toi », après sa victoire contre Nadal à l'Open

1. Cicéron, *De oratore*, 55 av. J.-C.

d'Australie 2017) ; un mot pour rire (« Nous sommes arrivés avec ma famille l'année dernière et nous sommes toujours là ! » à l'Open d'Australie 2018) ou dédramatiser (« J'aurais pu mieux faire que marquer quatre jeux », après sa déroute contre Nadal à Roland-Garros 2008) ; un moment de complicité avec le public (« Je me sens comme un New-Yorkais », à l'US Open 2008) ; un hommage aux légendes venues assister à la finale (Rosewall, Laver, Borg, Becker, Sampras…) ; la tentation permanente du retour (« J'essaie de montrer qu'on n'est pas fini à 37 ans », lors de Wimbledon 2019). Bien que puisant dans un socle narratif commun, chacun de ses discours donne toujours l'impression d'être unique (*special,* dirait Federer en anglais), entraînant – dans la victoire comme la défaite – l'adhésion de celles et ceux qui les écoutent.

Un « Suisse pas si lisse »

Le tableau est-il trop beau pour être vrai ? On reproche parfois à Federer de ne pas lâcher prise, de trop souffler le froid et pas assez le show : « Sa communication ressemble à celle d'une boîte du CAC 40. On aimerait qu'il fende l'armure plus souvent, comme à la fin de ses matchs », estime Gaspard Gantzer. On lui reproche aussi le manque d'aspérités de ses prises de parole. Hormis son soutien au mouvement « Black Lives Matter » récemment, Federer s'exprime très peu sur des sujets politiques, nationaux ou internationaux. Le « facteur » suisse joue sûrement beaucoup dans la neutralité du Maître. Le travail qu'il a fait lui-même pour canaliser ses démons de jeunesse, aussi certainement. Et sa réserve naturelle fait le reste. On lui reproche, enfin, de n'être finalement qu'un pur produit de consommation soumis aux lois du capitalisme. Federer n'a-t-il pas été le sportif le mieux payé en 2019 selon le magazine *Forbes* (106 millions de dollars de gains) ? Dans le roman d'Olivier Chapuis *Balles neuves*, le personnage principal fustige ce mercantilisme débridé dont « RF » ne serait qu'un des derniers avatars : « Axel se rend compte que Federer, Nadal, Murray et ses copains du Top ten sont des produits de marketing comme ceux dont il vante qualité et efficacité à longueur de journée, ils sont yaourts, aspirateurs, montres de luxe, raquettes high-tech, shorts griffés, Audi cabriolet, pommeaux de douche ou stores à lamelles, ils gagnent et rapportent, ce sont des caisses enregistreuses sur pattes, des hommes et femmes-sandwichs bardés de raisons sociales, des pions sur l'échiquier économique. »

Et pourtant… Ces critiques, si elles ne sont pas dénuées de tout fondement, omettent l'essentiel. Le vrai Federer n'est peut-être pas celui qu'on croit. Dans son livre *Une aventure nommée Federer*, le journaliste Thomas Sotto le souligne bien : « Il existe un Federer méconnu et authentique derrière la bête de scène [...]. "Lisse" est un qualificatif qui revient souvent dans la bouche de ceux qui le jugent sans s'y intéresser vraiment. » Lorsqu'on voit le Suisse fondre en larmes à la simple évocation de son ancien entraîneur Peter Carter lors d'une interview à CNN en 2019, la partie immergée de l'iceberg Federer remonte à la surface. « Le feu sous la glace », avait très bien résumé Alexandre Bompard dans une publication pour *L'Obs* en 2015. « Il est en permanence sur une ligne de crête, dans une tension continuelle entre spontanéité et contrôle », nous précise le PDG de Carrefour. Pour peu qu'on y prête attention, l'authenticité du Suisse se manifeste, en réalité, assez régulièrement. Un avis que partage Maxime Battistella : « Comment peut-on dire que Federer est langue de bois ? Quand il dit publiquement que la Coupe Davis ne doit pas devenir la Piqué Cup[1], on ne peut pas lui reprocher de tourner autour du pot ! » Le Maestro sait donc se faire entendre quand les circonstances l'exigent. Le reste du temps, il mène ses engagements tennistiques ou humanitaires avec discrétion et efficacité.

1. Du nom du footballeur Gérard Piqué qui a racheté la Coupe Davis avec sa société Kosmos.

Alors qu'il ne s'est pas exprimé publiquement sur le confinement, on sait par exemple qu'il a apporté, en coulisses avec l'ATP, sa contribution au réaménagement de la saison. « Il sait faire passer ses messages en dehors du court. Il a une intelligence du circuit », conclut Maxime Battistella.

Résultat ? En plus de vingt ans de carrière, pas la moindre polémique ni le moindre faux pas. Le mythe a traversé deux décennies sans être écorné. Dans un monde chauffé à blanc par l'info en continu et les réseaux sociaux, toujours prêt à s'embraser à la moindre étincelle, cette prouesse de communication n'a rien à envier à celles qu'il a réalisées sur le court.

La revanche du temps long

***

Lorsque Roger Federer débute sur le circuit le 7 juillet 1998, la France est sur le point d'être sacrée championne du monde de football et Kylian Mbappé n'est pas encore né. Le Suisse fait ses premiers pas de joueur professionnel à une époque où le téléphone portable et Internet n'en sont qu'à leurs balbutiements. On assiste à ses premiers exploits en direct sur des téléviseurs à tube cathodique, alors que tous ses chefs-d'œuvre se savourent aujourd'hui sur de gigantesques écrans 4K ou sur des smartphones tenant dans la paume de la main.

Depuis 1998, Roger Federer a connu cinq présidents américains, quatre présidents français et trois papes. Il a survolé près d'un quart de siècle en incarnant une forme de stabilité dans un monde en bouleversement permanent. À l'heure où la rapidité (des échanges, des connexions) et le court terme (des chaînes d'info en continu, des réseaux sociaux) sont érigés en idoles, la longévité du Suisse tient autant du mystère que de la prouesse. La journaliste Anne Lenoir, spécialiste des séries, compare la saga federienne à *The West Wing* ou *Urgences*, des feuilletons intemporels et inusables qui traversent le temps et que l'on prend encore plaisir à regarder aujourd'hui.

En 1969, quelques mois après son référendum perdu, le général de Gaulle avait lancé à André Malraux sous forme de boutade : « Mon seul rival international au fond, c'est Tintin », le célèbre personnage belge de bande dessinée dont les aventures se sont vendues à 240 millions d'exemplaires dans le monde. Qui serait le ou la « rival(e) » de Roger Federer aujourd'hui ? La chancelière allemande Angela Merkel, en poste depuis 2005 (une exception dans les démocraties occidentales), serait un peu son équivalent dans la politique. Plus loin dans l'histoire, et toutes choses égales par ailleurs, des parallèles pourraient être dressés avec les monarques aux longs règnes (Louis XIV en France, Victoria ou Élisabeth II en Angleterre). Des figures qui, elles aussi, se sont construites dans la durée, ont fait preuve d'une capacité à s'adapter au monde et à surmonter des épreuves. La place de l'histoire est au cœur du mythe federien. Comme le rappelle André Scala, « Federer joue au tennis avec un sens historique [...]. Convaincu que le passé n'est pas achevé, il rouvre celui du tennis pour tenter d'en réaliser les potentialités inaccomplies ». Le Maître lui-même, dans une interview à *L'Équipe*, avait un jour déclaré : « Avec le temps, j'aime de plus en plus l'idée de jouer contre les générations futures en jouant pour l'histoire. »

Face aux contingences, aux blessures ou aux adversaires, Federer surprend par sa capacité à faire démentir les statistiques et à refuser l'idée de déclin. Car son histoire, fidèle à la trajectoire du monomythe campbellien, n'a pas toujours été un long fleuve tranquille. Comme Rome, elle ne s'est pas faite en un jour. Il lui a fallu, tel Ulysse, redoubler de patience et d'énergie pour regagner son trône. Il lui a fallu, tel Sisyphe, accepter de voir la pierre redescendre avant de la hisser à nouveau vers les sommets. À l'image des grands hommes politiques (Churchill ou de Gaulle), Federer a su faire du temps un allié précieux et transformer ses doutes, ses échecs, ses traversées du désert en facteurs positifs de récits.

Federer, fait pour durer

« Toute sa vie et sa philosophie tournent autour du tennis. Même quand il avait 20 ans, Rodge voulait déjà faire une longue carrière », indiquait son préparateur physique Pierre Paganini dans une interview au *New York Times* en 2017. Le stratège Federer a donc très tôt intégré le facteur temps à sa réflexion d'athlète de haut niveau, conscient qu'une carrière devait se penser, se préparer, se planifier comme un marathon, pas comme un sprint. Conscient aussi peut-être, comme nous l'avons esquissé dans le chapitre précédent, qu'un récit avait besoin de projection dans la durée pour s'ancrer dans l'inconscient collectif. L'horloger suisse a clairement inscrit la longévité au cœur de son projet et s'est donné les moyens d'accomplir sa destinée.

Garanti inusable (ou presque)

Gestion de l'effort, préparation des saisons, programmation des tournois, évolution du jeu… « RF » est un modèle d'organisation de carrière. Le logiciel de Federer fut d'ailleurs très vite paramétré pour que la machine donnât le meilleur d'elle-même. Quand exactement ? L'arrivée de Pierre Paganini à ses côtés en 2000 constitue indubitablement un détonateur. On peut aussi supposer que sa première victoire « tardive » en Grand Chelem en 2003 à l'âge de presque 22 ans (contre 18 ans pour Borg, 19 ans pour Sampras et 20 ans pour McEnroe) le conduira à vouloir compenser ce temps perdu au départ par un surcroît d'effort à l'arrivée. Or, s'il faut pouvoir jouer pour gagner, il faut pouvoir jouer longtemps pour gagner beaucoup. D'où le travail de fond mené depuis par le Suisse, avec son préparateur, pour se constituer une « caisse » physique à toute épreuve. Un boulot d'orfèvre qui s'est constamment ajusté aux changements physiologiques du joueur. Dans ce même article du *New York Times*, Pierre Paganini raconte comment il a fait évoluer ses méthodes d'entraînement avec son poulain, de la pratique d'autres sports il y a une vingtaine d'années à des exercices plus centrés sur le tennis aujourd'hui. À *L'Équipe,* en janvier 2018, l'intéressé confirmait désormais moins miser sur le quantitatif et plus sur le qualitatif : « Avant, je partais à l'entraînement tôt le matin et rentrais vers 18 heures Maintenant, je peux commencer à 15 heures après avoir passé la matinée à la maison car je sais que ce sera de la qualité. »

L'évolution physique du joueur est allée de pair avec celle de son tennis. Dès 2013-2014, sous l'impulsion de son nouveau mentor d'alors, Stefan Edberg, Roger Federer se convertit à un tennis plus offensif destiné à abréger les échanges et donc à raccourcir les matchs. Cette stratégie de « l'effort utile » a progressivement irrigué l'ensemble de ses choix sur et en dehors du court. L'objectif ? Éviter la sollicitation, le déplacement, le tournoi de trop… Ces dernières années, il a instauré des rituels (effectuer sa pré-saison à Dubaï, démarrer l'année en Australie par la Hopman Cup[1] avant Melbourne) et fait l'impasse sur des tournois trop énergivores (Roland-Garros en 2016, 2017 et 2018) ou trop contraignants dans la saison (aucune Coupe Davis jouée depuis 2015). En toile de fond, la naissance de ses jumelles en 2009 puis celle de ses jumeaux en 2014 l'avaient également poussé à définir un calendrier sur mesure pour prendre en compte la nouvelle donne familiale.

Résultat ? Roger Federer a pendant très longtemps échappé aux blessures. Il aura fallu attendre 2016 pour que le Maître, âgé de 35 ans, connaisse sa première alerte le contraignant à s'éloigner durablement du circuit. Son tennis délié n'y est pas étranger, sa condition physique non plus. Les chiffres

1. Épreuve mixte se jouant par équipes remplacée depuis 2019 par la World Team Cup.

de sa longévité sur le circuit donnent le vertige. En 1 500 matchs professionnels, il n'a jamais abandonné et n'a déclaré forfait que trois fois. Pourtant, on l'a vu à de nombreuses reprises mal en point à cause de son dos : à Wimbledon en 2003 (face à Feliciano López), à Wimbledon en 2016 (contre Milos Raonic), à l'US Open en 2017 (face à Juan Martin del Potro)... sans oublier la mononucléose qu'il a contractée en 2008 et qui l'a affaibli pendant de longues semaines. L'endurance physique de Federer a rejailli sur la pérennité de ses performances sportives. Entre 2000 et 2016, il a participé à tous les tournois du Grand Chelem (soit 69 au total). De Wimbledon en 2004 à Roland-Garros en 2013, il a disputé 36 quarts de finale consécutifs. De Wimbledon 2005 à l'Open d'Australie 2008, il a joué 10 finales de Grand Chelem sans interruption. Dans leur podcast *Game Federer*, les journalistes sportifs américains Brian Clark et Vik Singh rappellent que le Suisse a enchaîné 24 finales victorieuses entre 2003 et 2005. Ces statistiques ébouriffantes font partie des records que Federer pourrait conserver encore longtemps. À quoi sert encore une garantie quand le produit s'appelle « RF » ?

La mémoire dans la peau

Ce choix – pour ne pas dire cette obsession – du temps long se reflète dans la stabilité de sa vie personnelle et sportive. « L'entourage », dont l'influence néfaste n'est plus à démontrer chez bon nombre de sportifs, est au contraire le socle du succès de Federer et le secret de sa longévité. Son épouse Mirka partage sa vie depuis 2000. Laurent Paganini, nous l'avons vu, le rejoint en 2000, son conseiller en image Tony Godsick en 2005 et son entraîneur principal, Severin Lüthi, en 2007. Toutefois, continuité n'a jamais été synonyme de passivité. Federer a pris des décisions rapides et énergiques lorsque les circonstances l'exigeaient. Il a notamment plusieurs fois changé de mentor (tous les deux ou trois ans en moyenne), même s'il l'a toujours fait au service d'une vision du jeu dans la durée. Ce faisant, il réconcilie deux conceptions mythologiques du temps : le *kairos* (le moment opportun, l'instant *t*) et le *chronos* (le temps qui passe).

En réalité, la préférence de Federer pour le long terme irradie partout. Le joueur est lié à certains de ses partenaires depuis plus de vingt ans (Wilson, Rolex). L'homme a créé sa fondation[1] très jeune (à 22 ans)

1. En 2006, il est également devenu ambassadeur itinérant de l'Unicef.

parce que, comme il le confie au journaliste Simon Graf, « la philanthropie, comme le tennis, demande du temps et de la discipline ». Fait remarquable : Federer est adepte d'un temps long qui peut se lire dans les deux sens. Il se projette dans le futur autant qu'il se rappelle le passé. Plusieurs joueurs racontent avoir été bluffés par sa prodigieuse mémoire et sa connaissance pointue du circuit. Paul-Henri Mathieu abonde dans ce sens : « J'ai ouï dire que Roger suivait tous les matchs, même quand il ne jouait pas. » Plus fondamentalement, le Suisse entretient un rapport déférent à l'histoire. Il vénère ses illustres prédécesseurs dont il revendique la filiation au nom d'une certaine conception historique du tennis. Il ne manque d'ailleurs jamais l'occasion de les saluer lorsque, d'aventure, ces derniers assistent à ses finales de Grand Chelem.

« Laisser du temps au temps » : la formule mitterrandienne est une devise que Roger Federer ne renierait pas. « Federer Express » n'a jamais aussi mal porté son surnom que lorsqu'il s'est agi de penser sa carrière. Y aurait-il mis fin plus tôt si Nadal et Djokovic n'avaient pas croisé sa route et ne l'avaient pas poussé dans ses retranchements ? peut-être. Il n'en demeure pas moins que la longévité est une notion constitutive de l'ADN federien. Dans une interview au quotidien suisse *Tages-Anzeiger*, Pierre Paganini notait que « sans sa patience, la guillotine serait tombée depuis longtemps pour Federer ». Le Suisse a donc tout à la fois écrit, défié et repoussé l'histoire de son sport. Son préparateur dira même dans un reportage à la RTS qu'il l'a « déplacée ». Mais pour la déplacer, Federer a dû affronter des tempêtes et soulever des montagnes.

Mi-Ulysse, mi-Sisyphe

Avant de fouler le *Centre Court* de Wimbledon le 3 juillet 2001 pour y défier Pete Sampras, Roger Federer médite peut-être les mots de Rudyard Kipling gravés au-dessus de l'entrée des joueurs : « Si tu peux rencontrer triomphe et désastre / Et traiter ces deux imposteurs de la même manière. » Sans doute avec le temps a-t-il retenu les premiers vers du célèbre poème « Si »[1], qu'il a d'ailleurs l'occasion de déclamer avec Rafael Nadal en préambule de la légendaire finale du tournoi, le 7 juillet 2008 : « Si tu peux voir détruit l'ouvrage de ta vie / Et sans dire un seul mot te mettre à rebâtir. » Ce jour-là, sans le savoir, il prophétise des

1. Rudyard Kipling, « *If* », *Rewards and Fairies*, 1910.

thèmes centraux de l'odyssée à venir : le retour, le recommencement et la reconstruction.

Le retour ulysséen

La longévité de Federer sur le circuit est l'une des clés de sa popularité. Parce qu'il a affronté pas moins de quatre générations de joueurs, il a touché un large public allant des nostalgiques de Sampras ou Agassi (nés dans les années 1970) aux fans de la nouvelle génération représentée par Augier-Aliassime ou Sinner (nés dans les années 2000). Aurait-il suscité le même engouement s'il avait écrasé le tennis tout au long de sa carrière, comme il le fit pendant la période 2004-2008 ? rien n'est moins sûr. Pour Maxime Battistella, si le public aime Federer, c'est parce qu'il (re)trouve en face de lui « un mec qui, face à l'échec, se relève ». Napoléon disait : « La mort n'est rien, mais vivre vaincu et sans gloire, c'est mourir tous les jours. » Qu'en est-il chez Federer ? « Lorsqu'il perd l'Open d'Australie contre Nadal en 2009 et dit avant de s'effondrer en larmes : "Cela me tue", on peut voir que la défaite le tue au sens figuré et presque au sens propre », observe Maxime Battistella. Le Suisse s'est construit dans une haine viscérale et féroce de l'échec. À moins que ce ne soit par amour de la victoire ? « Il déteste perdre mais adore peut-être plus encore gagner. Il a en tous cas appris à mieux appréhender les frustrations en grandissant et en mûrissant », précise le journaliste Arnaud Cerutti.

Federer n'a jamais cédé à la « tentation de Venise », qui pousse certaines personnalités – notamment politiques – à quitter la scène le soir de grandes défaites électorales. Il n'a pas connu non plus la « tentation de Cincinnatus[1] », qui incite d'autres, plus rares, à partir au sommet de leur gloire (à l'image d'un George Washington qui se retire dans ses fermes après son deuxième mandat à la présidence américaine en 1799… ou d'un Aimé Jacquet triomphant quittant l'équipe de France de football en 1998).

Dans la majorité des sports collectifs, une rencontre peut s'achever sans vainqueur. Rien de tel au tennis : on gagne ou on perd mais on ne fait jamais match nul. Le tennis est un sport cruel, peut-être « le plus difficile de tous » selon le psychologue du sport Dorian Martinez. Il exige une maîtrise combinée exceptionnelle de facteurs techniques, physiques et mentaux. Certaines règles et certains paramètres de jeu compliquent encore la donne : coaching interdit pendant

1. Du nom de ce consul romain qui sauva Rome par deux fois (en 458 et 439 av. J.-C.) puis abdiqua pour retourner à sa ferme.

les matchs, absence de limite de temps, surfaces de jeu changeantes… Le tennis est avant tout un sport où l'on rate beaucoup (« faute ! ») et où l'on perd régulièrement. Pour un tennisman de haut niveau, être éliminé au premier tour de plusieurs tournois, c'est aussitôt se voir couler dans les profondeurs du classement ATP et devoir redoubler d'efforts pour remonter à la surface. La capacité de Federer à exceller dans la durée n'en est que plus remarquable : entre 2004 et 2013, il est parvenu à se maintenir dans le Top 4 du classement ATP[1]. Mieux : après avoir perdu une première fois sa place de numéro 1 mondial en 2008, il a réussi à la reconquérir par deux fois, en août 2009 puis en août 2012 (et même une troisième fois si l'on ajoute février 2018, quatorze ans après la première fois, un record là encore). Là se trouve le fardeau du « Monstre », cette bête jamais rassasiée de victoires et de records créée par les autres et par Federer lui-même. Le Suisse sait qu'il est perpétuellement condamné à jouer les premiers rôles pour répondre aux attentes et aux exigences placées en lui.

Commentateurs, journalistes, sportifs, entraîneurs, statisticiens ou simples jaloux, beaucoup ont tenté,

1. La présence dans le Top 4 permet d'être « préservé » au moment du tirage au sort d'un tournoi et de ne pas avoir à affronter avant les demi-finales un autre membre du Top 4 (le plus souvent Nadal, Djokovic ou Murray).

au moins une fois et avec plus ou moins de bienveillance, « d'enterrer » pour de bon Roger Federer sitôt qu'il ne figurait plus en haut de l'affiche. Grâce à la mémoire d'Internet, il est facile de retrouver ces prévisions délicieusement erronées, qui auraient pu avoir leur place dans le *Dictionnaire de la bêtise et des erreurs de jugement* de Guy Bechtel et Jean-Claude Carrière[1]. En réalité, il faudrait beaucoup de temps pour les recenser toutes et ce livre seul n'y suffirait probablement pas. Dans un article remarquable publié dans la revue *Courts* en septembre 2020[2], le journaliste Mathieu Canac s'amuse à répertorier les plus belles sorties poussant Federer vers la sortie, de l'entraîneur américain Nick Bollettieri (« Si Roger veut revenir dans le Big 4, il n'a plus d'autre choix que d'apprendre le revers à deux mains ») à Henri Leconte (« On n'avait pas l'habitude de le voir perdre aussi facilement et, par moments, jouer aussi mal ») en passant par David Douillet (« On sent clairement qu'il n'a plus envie. Il faut qu'il arrête, qu'il fasse un break »).

1. Guy Bechtel et Jean-Claude Carrière, *Dictionnaire de la bêtise et des erreurs de jugement*, Robert Laffont, Paris, 1965.
2. Mathieu Canac, « Federer est "fini" : l'histoire sans fin », *Courts*, septembre 2020.

On peut trouver des excuses aux premiers commentateurs qui se sont essayés à prédire la chute de Roger Federer. Ces derniers avaient pour eux des modèles mathématiques types censés « dater » le déclin physique d'un joueur. En 2013, le site de statistiques américain *FiveThirtyEight* avait compilé les âges de tous les vainqueurs de tournois du Grand Chelem depuis le début de l'ère Open. La conclusion ? Leur carrière formait une courbe en cloche où, passé l'âge de 25 ans, il devenait de plus en plus difficile de prétendre à la victoire finale. Le dernier titre du Grand Chelem de Becker a été remporté à 28 ans, ceux de McEnroe et Borg à 25 ans, celui de Wilander à 24 ans. Même Jimmy Connors, connu pour son incroyable résistance sur le circuit, a gagné son dernier US Open en 1983 à l'âge de 31 ans (alors qu'il ne prendra sa retraite officielle que treize ans plus tard). La formule, implacable, du journaliste américain John Ryle sonnait juste : « Le tennis est un sport de jeune. »

Lorsqu'il doit, en novembre 2012, céder une nouvelle fois son fauteuil de numéro 1 mondial à Novak Djokovic, Roger Federer entame un long et périlleux périple pour retrouver son rang. Avant de regagner sa cité, Ithaque, Ulysse entreprit un voyage de dix ans au cours duquel il terrassa le Cyclope Polyphème, rompit le charme de Circé, résista aux chants des sirènes ou brava la tempête de Poséidon. L'odyssée federienne, elle, durera un peu plus de cinq ans.

L'année 2013 marque sans doute le point bas de la carrière du Suisse. Une année où même ses fans les plus éperdus doutèrent. À l'occasion d'un discours célébrant le quarantième anniversaire de son accession au trône, la reine Élisabeth II avait qualifié l'année 1992 d'*annus horribilis*[1] (une expression qui a fait florès depuis), en référence aux multiples problèmes rencontrés par la famille royale cette année-là. Le « 1992 » élisabéthain est à peu de chose près le « 2013 » federien. Comme un malheur n'arrive jamais seul, le Maestro se blesse au dos et se voit contraint de faire une pause (inhabituelle) dans son calendrier pour se soigner.

Sa saison est marquée par de nombreuses contre-performances. Éliminé en quart de finale de Roland-Garros par Jo-Wilfried Tsonga, il est sorti quelques mois plus tard au deuxième tour de « son » Wimbledon par un inconnu au bataillon, l'Ukrainien Sergiy Stakhovsky

1. *"1992 is not a year on which I shall look back with undiluted pleasure [...] it has turned out to be an 'Annus Horribilis'."* (1992 n'est pas une année que je me remémorerai avec beaucoup de plaisir. Elle restera comme une *Annus Horribilis*).

(116e mondial)[1]. Le Roi tombe et « la terre tremble », comme le titrera *L'Équipe* le lendemain. Après une tournée européenne sur terre battue manquée (éliminations précoces à Hambourg puis à Gstaad), il subit à l'US Open la loi de l'Espagnol Tommy Robredo[2], un joueur qui ne l'avait jamais battu en dix rencontres et qui n'avait jamais atteint les quarts de finale à New York. Federer avouera en conférence de presse s'être « autodétruit ».

Face à l'abîme, nul autre choix que celui du sursaut et du langage de vérité. En octobre 2013, à la veille du tournoi de Bâle, le Roi écarte toute idée d'abdication et se fixe des objectifs à long terme : « Jouer aux Jeux olympiques de Rio est quelque chose que j'aimerais bien faire. Cela ne veut pas dire que je mettrai un terme à ma carrière là-bas, ou avant, c'est simplement une idée. » Le champion pose un diagnostic lucide sur l'année écoulée et reconnaît ses erreurs : « Cet été, je n'aurais pas dû disputer les tournois sur terre battue de Hambourg et de Gstaad [...]. Je n'ai pas pu m'entraîner comme je le voulais pendant mon break de sept semaines après Indian Wells et je suis tombé dans une spirale négative. » Ses ambitions tennistiques

1. 7-6, 6-7, 7-5, 7-6.
2. 7-6, 6-3, 6-4.

doivent-elles être revues à la baisse ? « Tant que mon corps et mon esprit sont prêts à voyager, je suis heureux de faire ce que je fais. Je jouerai encore quelque temps et ce ne sont pas six mois difficiles qui m'ont fait changer d'avis. » Une fois de plus, « l'historien » Federer refuse le diktat de l'instant et s'inscrit dans la profondeur du temps long.

Le Suisse reprend son bâton de pèlerin pour retrouver le tennis de haute altitude. En 2014 et 2015, il oscille entre la deuxième et troisième place du classement mondial. Il signe à nouveau des performances dignes de son rang, remportant même pour la première fois la Coupe Davis avec la Suisse face à la France en novembre 2014. Seule ombre au tableau : il court encore après un nouveau titre en Grand Chelem dont Djokovic le prive trois fois coup sur coup, à Wimbledon en 2014 et en 2015, puis à l'US Open en 2015.

En février 2016, le destin semble s'acharner. Federer se blesse non pas en courant sur un court mais en donnant un bain à l'une de ses filles. « J'ai fait un mouvement très simple, je me suis retourné, et j'ai entendu un clic dans mon genou », explique-t-il. Un « clic » lourd de conséquences puisque le détenteur de 17 titres du Grand Chelem, âgé alors de 34 ans, doit subir une opération arthroscopique pour soigner une déchirure du ménisque. Tout est donc à refaire. En avril, il tente un timide retour sur la terre battue à Monte-Carlo puis à Rome. La raison le pousse à renoncer à Roland-Garros pour la première fois de sa carrière. Vient alors la saison sur gazon, et Wimbledon qui s'annonce plus ouvert que jamais : Nadal est forfait et Djokovic en pleine crise de confiance. À chaque match, le Suisse souffre. Face au Croate Marin Čilić, il sauve trois balles de match pour se qualifier en demi-finale[1]. Le Maître, dont le journaliste Laurent Vergne dira qu'il a eu « un pied et quatre orteils au-dessus du précipice », fait front grâce à la qualité de son engagement et son sang-froid dans les points importants. Deux jours plus tard, le miracle ne se reproduit pas. Deux ans après s'être cassé les dents sur le Bâlois à Londres, le Canadien Milos Raonic prend sa revanche en faisant tomber la légende de Wimbledon en cinq sets[2]. Lors du quatrième jeu du dernier set, le *Centre Court* retient son souffle. Au cours d'un échange où Raonic fait monter Federer au filet, ce dernier perd ses appuis, s'écroule, reste plusieurs secondes au sol, manifestement touché. Lorsqu'il quitte le stade sous les applaudissements du public, tout le monde se demande

1. 6-7, 4-6, 6-3, 7-6, 6-3.
2. 6-3, 6-7, 4-6, 7-5, 6-3.

si ce match n'est pas son dernier à Wimbledon. Voire son dernier tout court.

Qui imagine alors une seule seconde qu'il remportera son 18e tournoi du Grand Chelem six mois plus tard à l'Open d'Australie ?

Après Wimbledon 2016 et pour la première fois de sa carrière, le Suisse s'arrête près de six mois. Une période marquée avant tout par la reconstruction physique : « J'ai surtout passé beaucoup de temps à la gym et avec le physio. Ça va me redonner de la fraîcheur », déclare-t-il dans *Le Parisien* fin 2016. Ithaque, pourtant, est encore loin. Les éléments sont plutôt en sa défaveur lorsqu'il fait son retour à l'Open d'Australie début 2017. En tant que 17e joueur mondial, il hérite d'un tableau très difficile : Jürgen Melzer, Tomas Berdych, Kei Nishikori, Stan Wawrinka et Rafael Nadal. Mais comment rêver scénario plus grandiose que cette finale opposant Roger Federer à Rafael Nadal, revenant lui aussi de blessure ? « Aucun film au monde, aucune pièce ne saurait transmettre autant de courants contradictoires, autant d'émotions que la demi-finale perdue de Séville », avait déclaré Michel Platini à propos de la défaite française contre la RFA lors de la Coupe du monde de football 1982, traumatisant des générations entières de supporters. Pour les fans de Federer, ce 29 janvier 2017 représente sans doute « un Séville inversé ». Un match dingue et un cinquième set inoubliable, au cours duquel le Suisse, touché par la grâce, renverse Nadal et le cours du destin. Voir Federer regagner l'Open d'Australie, c'est imaginer Napoléon de retour d'exil triompher à Waterloo.

À Melbourne, Federer a retrouvé ses jambes de vingt ans et le feu sacré du jeu. Ce tournoi ne restera pas un coup d'éclat sans lendemain. Son tennis, sublimé par un revers transfiguré, lui permet de reconquérir Wimbledon en 2017 et de remporter à nouveau l'Open d'Australie en 2018. Il récupère même la place de numéro 1 mondial en février 2018. À 36 ans, 10 mois et 10 jours, il devient le joueur le plus vieux à régner sur le tennis mondial. Le journal *L'Équipe* titrera logiquement : « Federer est à sa place ».

Le Sisyphe heureux

Ulysse n'est pas le seul récit de la mythologie grecque qui pourrait s'appliquer à Federer. Dans *Le Mythe de Sisyphe*[1], Albert Camus décrit la légende du fondateur

1. Albert Camus, *Le Mythe de Sisyphe*, Gallimard, 1942.

de la ville de Corinthe, Sisyphe[1], condamné par les dieux (pour avoir osé les défier) « à rouler sans cesse un rocher jusqu'au sommet d'une montagne d'où la pierre retombait par son propre poids ». Federer incarne à merveille ce « héros absurde » qui, à chaque chute, « regarde la pierre dévaler en quelques instants vers ce monde inférieur d'où il faudra la remonter vers les sommets ». À partir de 2008, c'est-à-dire après avoir triomphé de tout, le mythe Federer change de nature. Herculéen, il devient camusien. Il est ce héros qui fait face à l'absurdité d'un monde où une maladie (la mononucléose en 2008), une blessure (un bain donné sa fille en 2016) ou un adversaire (Nadal, Djokovic) peuvent à tout moment le faire trébucher.

Cette condition, aussi tragique soit-elle, n'en est pas moins porteuse d'espoir. En dépit de ses allers-retours incessants vers le labeur, Sisyphe résiste au désespoir et choisit la vie envers et contre tout. « Toute sa joie silencieuse est là. Son destin lui appartient. Son rocher est sa chose », rappelle Camus. « Il faut imaginer Sisyphe heureux », conclut-il. Faut-il, de la même manière, imaginer Federer heureux ? Le Suisse a toujours exprimé son bonheur d'être sur un court de tennis, malgré le

1. Également mentionné dans l'*Iliade* d'Homère.

caractère déraisonnable de sa quête : n'est-il pas aussi absurde de renvoyer éternellement une balle que de pousser perpétuellement une pierre ? À l'issue de sa finale gagnée à l'Open d'Australie en 2017, le Suisse confessait : « J'aurais pu perdre ce match que j'aurais été tout aussi heureux. » Comme si le voyage était aussi important que la destination, comme si le chemin parcouru était aussi beau que le but accompli. Cette phrase de Federer fait, elle aussi, directement écho au propos camusien : « La lutte elle-même vers les sommets suffit à remplir un cœur d'homme. »

Federer a passé une partie de sa carrière à renaître de ses cendres. Le Phoenix a même ouvert la voie à d'autres. Avant 2013, gagner un tournoi du Grand Chelem après 30 ans était presque l'exception. Depuis 2017, cela est presque devenu la règle. En 2014, Stan Wawrinka remportait à 28 ans le premier de ses trois Grands Chelems en faisant sienne la maxime de Samuel Beckett tatouée sur son bras : « Déjà essayé. Déjà échoué. Peu importe. Essaie encore. Échoue encore. Échoue mieux. »

En février 2020, le rocher federien a de nouveau dégringolé pour cause de blessure. Le Sisyphe suisse n'a plus qu'à reprendre sa quête. Pour Joseph Campbell, le retour vivifiant du héros ne peut se concevoir qu'avec l'aide du monde extérieur. « Le monde doit se charger de le ramener », écrit notamment le mythologue. Là-dessus, aucun doute : en 2021 et au-delà, nous serons des millions à pousser la pierre avec lui.

La fin de l'histoire ?

***

Londres, dimanche 10 juillet 2022. Le grand panneau Rolex du *Centre Court* affiche 19 h 20. La planète tennis retient son souffle. Après cinq heures d'un combat homérique, Roger Federer vient de s'offrir une balle de match. Il mène 8-7 40-30 dans le cinquième set de la finale qui l'oppose à Novak Djokovic.

Le Suisse éponge son front, réajuste son bandeau, jette un regard vers son clan. En face, le Serbe rumine les deux balles de match qu'il a vendangées quelques jeux plus tôt. Il lève les yeux au ciel, implorant les dieux du tennis dont il espère les bonnes grâces, comme en 2019.

Ladies and Gentlemen, quiet please… La voix de l'arbitre peine à couvrir les clameurs du public. Rod Laver, Björn Borg et Pete Sampras assistent, ébahis, à la nouvelle page d'histoire qui est en train de s'écrire sous leurs yeux. Même le duc et la duchesse de Cambridge sont debout et applaudissent à tout rompre. Seule Mirka, que des centaines d'heures passées à voir jouer et gagner son mari n'ont jamais immunisée contre le stress, reste assise, les mains sur les yeux. Les quatre enfants Federer, juste à côté, ne tiennent pas en place.

Le soleil décline mais la tension est à son zénith. Cet instant décisif n'est pas sans évoquer ce que Stefan Zweig appelait « l'heure historique » dans *Les Très Riches Heures de l'humanité*[1], ce moment « d'une grande concentration dramatique » où « un seul oui, un seul non, un geste avancé ou retardé détermine la vie d'un individu, d'un peuple ou même la destinée de l'humanité entière ». L'histoire sur un court se joue-t-elle différemment que l'histoire tout court ?

Roger Federer le sait : il a de nouveau rendez-vous avec son destin à Wimbledon. Tenu écarté des terrains pendant de longs mois en 2016 puis en 2020, il est en passe d'accomplir, à 41 ans, bientôt 42, la performance sportive la plus retentissante de tous les temps. Mais

1. Stefan Zweig, *Les Très Riches Heures de l'humanité*, 1927.

c'est bien connu : le Maître rajeunit quand le court reverdit.

Il prend place près de la ligne de fond de court et se prépare à engager. Semblable au *David* de Michel-Ange qui réfléchit avant de tendre sa fronde vers Goliath, Roger Federer s'interroge : où servir ? sur la ligne centrale ou extérieure ? à plat ou avec un effet ? monter au filet dans la foulée ou accepter l'échange ?

Parmi les nombreuses options techniques et tactiques qui s'offrent à lui, une se détache nettement, davantage dictée par le souvenir que par les circonstances. Non, il ne refera pas le choix qui l'avait privé de victoire ici même il y a trois ans, au même stade du match et contre le même adversaire. Oui, il prendra en 2022 le contre-pied de 2019.

Roger Federer visualise mentalement la zone d'impact. Il fait rebondir la balle une fois, deux fois, trois fois. Le sorcier suisse se met alors en action et lance son sortilège. Un éclair jaune jaillit de sa baguette. L'illusionniste serbe attendait la foudre côté coup droit, elle frappe finalement côté revers. Surpris, il voit passer cette boule de feu à côté de lui sans esquisser le moindre geste.

Game set and match, Federer. Le meilleur joueur du monde s'écroule de bonheur et c'est un stade tout entier qui chavire avec lui. Allongé, là, il chérit ce gazon qui le sacre pour la neuvième fois. Buckingham a sa reine, Wimbledon a son roi.

Pendant la cérémonie de clôture, alors qu'on lui demande s'il sera présent l'année prochaine, Roger Federer conclut, ému : « *Wimbledon has always been something special for me. It's a dream to win here once again. I hope I can come back next year and try to defend the title. Thank you, guys, for everything.* » (Wimbledon a toujours été quelque chose de spécial pour moi. C'est un rêve de gagner ici à nouveau. J'espère pouvoir venir ici l'année prochaine pour défendre ce titre. Merci pour tout.). Le Fedxit n'aura pas lieu, jamais.

2021, la der des ders ?

Soyons réalistes : à l'heure où nous écrivons ces lignes, ce scénario relève de la pure tennis-fiction. Les probabilités que Roger Federer joue et gagne un tournoi du Grand Chelem en 2022, fût-il Wimbledon, sont infimes. S'il y parvenait déjà en 2021, l'exploit ne serait pas mince. « L'âge n'est pas un problème en soi, ça n'est qu'un chiffre », déclarait Federer à l'issue de sa finale gagnée en 2018 contre Čilić à l'Open d'Australie. Certes, mais à bientôt 40 ans et après une saison blanche, le divin Suisse pourrait bientôt redescendre parmi les mortels. À force de repousser les limites du temps, on en oublierait presque qu'il ne peut ni rajeunir comme Benjamin Button, le protagoniste éponyme de la nouvelle de Francis Scott Fitzgerald[1], ni vivre éternellement comme Raymond Fosca, le héros du roman de Simone de Beauvoir *Tous les hommes sont mortels*[2]. Quand bien même cela serait possible, serait-ce souhaitable ? Les plus belles choses ont une fin, même quand elles s'appellent Federer. Désormais donc, il n'est plus question de savoir « si » mais « quand et comment » Dieu fera ses adieux.

Repousser l'âge de la retraite

Prophétie maintes fois annoncée mais jamais réalisée, la retraite du Suisse est un vieux serpent de mer. Depuis une bonne dizaine d'années, elle fait l'objet d'intenses spéculations au gré de ses performances sportives. Les premières rumeurs remontent à 2009, une année où

1. Francis Scott Fitzgerald, *L'Étrange Histoire de Benjamin Button*, 1922. Ce livre a fait l'objet d'une adaptation cinématographique de David Fincher en 2008, avec Brad Pitt dans le rôle principal.
2. Simone de Beauvoir, *Tous les hommes sont mortels*, Gallimard, 1946.

Federer réussit pourtant une excellente saison (finaliste à l'Open d'Australie, vainqueur à Roland-Garros et à Wimbledon, finaliste à l'US Open). « J'avais 27, 28 ans à l'époque. Je me suis dit : "Qu'est-ce que c'est que ça ?" J'étais à un super niveau et j'adorais jouer au tennis », se souvient-il, interrogé par la Schweizer Radio und Fernsehen (SRF) en juillet 2020. À l'époque, plusieurs facteurs sont avancés pour accréditer la thèse de la retraite : sa paternité (il devient papa de jumelles en juillet 2009), sa quinzième victoire dans un tournoi du Grand Chelem (record de Pete Sampras battu) mais aussi la supériorité progressive de Nadal (vainqueur de leurs dernières confrontations, à l'Open d'Australie quelques mois plus tôt et à Wimbledon l'année d'avant). Le « passage à vide » de Federer entre 2010 et 2012 (une seule victoire en Grand Chelem) puis sa « traversée du désert » entre 2012 et 2017 (soit 1 666 jours sans aucun titre du Grand Chelem) viendront régulièrement alimenter les qu'en-dira-t-on sur la fin de sa carrière.

Il faut rappeler aussi que, au tournant de la trentaine, de nombreuses légendes passées du tennis avaient pris ou allaient prendre leur retraite. Pete Sampras, Stefan Edberg, Boris Becker ou Mats Wilander étaient de jeunes trentenaires lorsqu'ils se retirèrent du circuit. Sans oublier Björn Borg qui raccrocha la raquette à

26 ans… Quelques contre-exemples méritent toutefois d'être mentionnés : André Agassi (36 ans), Rod Laver (38 ans) ou Jimmy Connors (40 ans). Une étude de 2011 publiée par l'IRMES et l'INSEP[1] sur les joueurs et joueuses ayant figuré dans le Top 10 entre 1968 et 2009 a montré qu'une carrière de tennis durait en moyenne seize ans. Suivant ce calcul, Roger Federer, qui a débuté sur le circuit professionnel en 1998, aurait dû arrêter en 2014… Sept ans plus tard, le Suisse est toujours d'attaque. Sauf catastrophe, il franchira la barre symbolique de la quarantaine sur les courts, tout comme Serena Williams, de quelques semaines sa cadette, qui chasse encore le record de Margaret Court (24 victoires en tournois du Grand Chelem) et confessait en février 2021 à l'Open d'Australie : « Si jamais je dois dire adieu au tennis, je ne le dirai à personne. »

L'année 2021 se présente sous des auspices paradoxaux pour le Maître, qui signe son grand retour mais pourrait dans le même temps annoncer son départ. Fin 2020, il avait jeté le trouble en déclarant lors de la cérémonie des Swiss Awards : « Si ma carrière devait s'arrêter là, ce serait bien de la terminer avec cette récompense [meilleur sportif suisse des soixante-dix dernières années]. »

1. Institut de recherche biomédicale et d'épidémiologie du sport et Institut national du sport, de l'expertise et de la performance.

Heureusement, il a finalement repris la compétition en mars 2021 à Doha et affiché ses deux principaux objectifs de la saison : Wimbledon en juillet et les Jeux olympiques en août. Conclure sur une ultime victoire à Londres là où, vingt ans plus tôt, il avait triomphé de son idole, Pete Sampras ? Sur une médaille d'or olympique (le seul titre majeur qui lui manque), comme Michael Phelps aux JO de Rio quatre ans plus tôt ? Ces dénouements ne manqueraient pas de panache. Cependant, on l'imagine mal ne pas jouer la Laver Cup à Boston, fin septembre, une compétition qu'il a lui-même créée. On l'imagine encore moins ne pas se présenter fin octobre à Bâle, son tournoi de cœur, où son ami d'enfance, Marco Chiudinelli, avait lui aussi tiré sa révérence en 2017. À moins que le Maître ne pousse jusqu'aux Masters à Turin en novembre, voire ne prolonge en 2022 pour finir à l'Open d'Australie (un tournoi auquel il tient beaucoup et qu'il n'a pas pu disputer cette année), à Roland-Garros ou à Wimbledon ? « Il pourrait en effet arrêter à Londres, là où tout a commencé », avance Paul-Henri Mathieu. Cette décision est entre les mains de Dieu et de lui seul.

Federer a toujours affirmé vouloir continuer tant qu'il serait habité par le feu sacré du jeu et qu'il se sentirait capable de gagner des titres. Lors de son premier comeback en 2017, les doutes sur son état de forme avaient été balayés par un fracassant triplé Open d'Australie-Wimbledon-Open d'Australie et la reconquête du trône mondial. Qu'en sera-t-il cette fois ? Le retour du Maestro en 2021, après une période d'inactivité plus longue et plus traumatisante qu'en 2017, sera en tout état de cause son dernier. Il peut bien sûr remporter des tournois, y compris du Grand Chelem, mais pourra-t-il encore dans la durée enchaîner des matchs en cinq sets ? Il y a aussi quelques records à aller chiper à Jimmy Connors, comme le plus grand nombre de matchs gagnés sur le circuit (1 236 victoires pour Federer contre 1 255 pour Connors) ou le nombre de tournois remportés (103 pour Federer contre 109 pour Connors). Dans une interview au *Soir* fin 2019, Federer reconnaissait vivre « avec l'idée de fin ». Vivons donc chacun de ses matchs comme si c'était le dernier.

Sortir par la grande porte

La question du « quand » est indissociable de celle du « comment ». De quelle manière la partition du Maestro va-t-elle s'achever ? Car celui qui a porté pendant deux décennies le tennis à un niveau d'excellence inégalé et pensé sa propre communication jusque dans les moindres détails ne peut pas, ne doit pas, finir sur une fausse note. On sait qu'un final bâclé peut ternir l'impression d'ensemble. Les amateurs de séries cultes comme *Game of Thrones* ou *How I Met Your Mother* en savent quelque chose. Ce phénomène aussi connu sous le nom de « loi de l'apogée/fin » a très bien été analysé dans les années 1990 par le psychologue et économiste Daniel Kahneman : le souvenir d'une expérience dépend essentiellement de ce que l'on a ressenti à son pic et à la toute fin. Le reste compte peu ou pas du tout. À défaut d'être exceptionnelle, la dernière image laissée par Federer doit donc être propre et nette. Un mythe est absolu ou il n'est pas.

Certes, le Maître a déjà déminé les attentes autour de l'annonce de sa retraite. « Un sportif professionnel doit pouvoir arrêter quand il le décide. Ça peut très bien se passer en vacances. Ou je pourrais subitement penser que c'en est assez et l'annoncer durant une conférence de presse. À moins qu'après un match, je me dise : c'est fini... », expliquait-il au *Parisien* en mai 2019. Il avait ajouté : « Je ne recherche pas une fin digne d'un conte de fées. Si j'avais souhaité une fin idyllique, j'aurais déjà pu arrêter plusieurs fois parce que j'ai eu ces victoires déjà ! » Certains estiment qu'il aurait peut-être mis un terme à sa carrière en 2019 s'il avait battu Novak Djokovic en finale de Wimbledon... Un chant du cygne rêvé ! Le sort en a (pour le moment) décidé autrement et le sujet reste ouvert. Il existe malgré tout de bonnes raisons de penser que Federer a réfléchi à la question, qu'il cherchera à soigner sa sortie et qu'elle ne sera pas aussi improvisée qu'il veut bien le laisser l'entendre. Arnaud Cerutti, journaliste pour RTS Sport, fait le pari d'un départ non conventionnel : « Il n'annoncera rien à l'avance et prendra tout le monde à contre-pied. »

Quitter la scène, a fortiori avec les honneurs, n'est pas une sinécure. L'histoire du sport de très haut niveau est truffée de vrais-faux départs, de retraites interrompues, de come-back rocambolesques et de sorties ratées. Dans le tennis, Björn Borg est l'archétype du héros parti trop tôt et revenu trop tard. Retraité précoce à 26 ans, il fit son retour à la compétition dix ans plus tard sans gagner le moindre match et conclut sur une ultime défaite contre le Russe Alexander Volkov qui « n'avait jamais bien su à quoi il ressemblait » avant de le rencontrer. Dans une moindre mesure, les adieux d'André Agassi auraient certainement mérité mieux qu'une défaite au troisième tour de l'US Open 2006 contre un illustre inconnu, Benjamin Becker. Ancien double vainqueur de Roland-Garros, Nicola Pietrangeli[1] exprime des craintes semblables au sujet de

1. Interview de juin 2020 à l'Agenzia Giornalistica Italia.

Federer : « J'ai peur qu'il ne puisse plus courir comme avant. Ce qui m'ennuie, c'est que ceux qui le battront diront qu'ils ont vaincu le champion et non un Federer avec un genou en berne. »

Cette malédiction de « la fois de trop » a frappé de nombreux sportifs et pas des moindres : Diego Maradona qui, menacé de suspension pour dopage et à court de forme, fut sorti à la mi-temps du Superclasico entre Boca Juniors et River Plate en 1997 ; Mike Tyson qui abandonna au 7e round de son dernier combat en 2005 face à un adversaire médiocre, l'Irlandais Kevin McBride ; Usain Bolt qui finit seulement troisième du 100 m lors des Mondiaux d'athlétisme à Londres en 2017 et se blessa sur le relais 4 x 100 m… Même l'immense Michael Jordan, auteur d'un premier come-back tonitruant en 1995 et d'un second retour moins triomphal en 2001 (quoique très correct pour son âge), n'a peut-être pas complètement tenu la promesse qu'on le voit formuler dans une image d'archive de *The Last Dance*, la mini-série que Netflix lui a consacrée en 2020 : « Je veux partir deux ans avant que mes performances montrent que je dois arrêter. On ne me sortira pas du terrain, c'est moi qui déciderai de le quitter. Je ne veux pas rater ma sortie. »

Ivresse de la victoire, adrénaline de la compétition, peur de l'après… beaucoup de facteurs expliquent pourquoi les grands champions redoutent l'heure de leur retraite et cherchent à en différer au maximum l'annonce. « Je suis mort à 32 ans, le 17 mai 1987 », lança un jour Michel Platini, faisant allusion au jour de son dernier match de football professionnel. Les sportifs de haut niveau sont-ils condamnés à périr « deux fois »[1], symboliquement et biologiquement ? Federer, dont l'après-carrière est déjà pensée autour de socles bien définis (sa famille, sa fondation, ses sponsors), semble à l'abri d'un tel danger. De toute façon, la sortie « parfaite » existe-t-elle ? La maîtrise totale des éléments qu'elle présuppose est illusoire. Certains paramètres sportifs, par nature aléatoires (état de forme des adversaires, blessures), peuvent à tout moment gâcher la fête. Et que dire de la situation sanitaire qui oblige depuis plus d'un an à jouer la quasi-totalité les matchs à huis clos ? Imagine-t-on Roger Federer tirer sa révérence sans public pour lui rendre hommage ? Non, évidemment. L'épilogue de l'histoire federienne doit aussi être un moment de célébration, à la hauteur de l'artiste et de son œuvre. Un final façon *Empereur* de Beethoven, pas *Lacrimosa* de Mozart.

1. Une expression empruntée à l'écrivain Antoine Blondin dans *L'Ironie du sport. Chroniques de L'Équipe, 1954-1982*, François Bourin, Paris, 1988.

Le Roi est mort, vive le Roi !

Nous sommes nombreux à espérer une histoire sans fin qui n'arrivera jamais ; nous sommes nombreux à redouter la fin de l'histoire qui arrivera bientôt. Car, oui, il faut bien se rendre à l'évidence : le dénouement de l'épopée federienne approche, inexorablement. Il est difficile de dire à quoi ressemblera l'ère post-federienne mais une chose est sûre : le départ du Maître laissera un vide immense dans le cœur des gens et l'histoire du jeu.

Le « Federer Blues »

« Quand il sortira du circuit, bien des fans, comme moi, auront un sacré Federer Blues[1]. » Alexandre Bompard ne pouvait pas mieux résumer le sentiment quasi dépressif qui nous habitera une fois l'artiste parti. La retraite de Federer sera une déflagration. Elle plongera des millions de supporters dans la détresse. Finis les réveils au milieu de la nuit pour le voir jouer à l'autre bout du monde, finie la boule au ventre qui nous étreignait avant ses confrontations contre Nadal, finis les stades survoltés prêts à s'enflammer à chacun de ses points. Dans le monde d'après, le spleen baudelairien

1. Tribune de décembre 2015 dans *L'Obs* : « Roger Federer, le feu sous la glace ».

nous guette : « Et de longs corbillards, sans tambours ni musique / Défilent lentement dans mon âme ; l'Espoir / Vaincu, pleure, et l'Angoisse atroce, despotique / Sur mon crâne incliné plante son drapeau noir[1]. »

Parce qu'il perd son plus bel ambassadeur, le monde du tennis risque, lui aussi, d'être happé par le spleen. En accroissant la notoriété de ce sport et en attirant de nouveaux publics vers la balle jaune, Federer a largement contribué à « augmenter la valeur tennis » pour reprendre les mots d'Antoine Benneteau. Sans le Maître, les audiences à la télévision et les affluences dans les stades ne seront sans doute plus les mêmes. Nadal et Djokovic ne parviendront que très partiellement à combler ce vide. Faut-il rappeler que la dernière finale de l'Open d'Australie entre Djokovic et Medvedev a rassemblé seulement 1,1 million d'Australiens devant leur poste, soit la plus faible audience depuis 2003 ? Et lorsque Nadal et Djokovic s'en iront à leur tour, qui prendra la suite des Trois Fantastiques, vainqueurs de plus de 80 % des tournois du Grand Chelem depuis 2003 ? Parmi les membres de la *Next Gen*, on peine encore à distinguer celui qui pourrait reprendre le flambeau.

1. Poème « Spleen LXXVIII » dans *Les Fleurs du mal* (1857).

L'influence de Federer sur le tennis pose en creux la question de son héritage. Que restera-t-il du virtuose suisse dans l'histoire du jeu ? Son départ acte-t-il la fin d'une certaine idée du tennis ? Il y a trente ans, le politologue américain Francis Fukuyama prophétisait « la fin de l'histoire »[1]. Selon lui, le triomphe de la démocratie libérale sur le communisme marquait « le point final de l'évolution idéologique de l'humanité ». Ce schéma de pensée est-il, toutes proportions gardées, transposable à Federer ? L'apothéose federienne interdit-elle à l'avenir l'émergence de grands récits alternatifs ou concurrents ? L'histoire nous a appris à nous méfier des conclusions hâtives mais il faudra certainement du temps pour qu'un nouveau Federer voie le jour. Hormis le Bulgare Grigor Dimitrov (longtemps surnommé « Baby Fed ») ou le Grec Stefanos Tsitsipas, le Maître n'a d'ailleurs aucun successeur attitré sur le circuit. En même temps, la perfection se duplique-t-elle ? Nous touchons là au cœur du « paradoxe Federer » : un génie cité partout comme une source d'inspiration mais disposant de qualités techniques, physiques et mentales inaccessibles au commun des mortels. « Federer est le contre-exemple de tout. Plus personne ne dégagera une telle facilité à tous les niveaux », pointe Gilles Simon dans son livre, regrettant

1. Francis Fukuyama, *La Fin de l'histoire et le dernier homme*, Flammarion, Paris, 1992.

de ce fait que la formation française ait pris le Suisse comme seul modèle depuis une quinzaine d'années.

Finalement, il n'est pas exclu que Federer laisse un héritage sans héritier. Le federisme ne trouvera peut-être jamais aucun joueur pour le réincarner mais le mythe, lui, continuera de perdurer. Cette dualité rappelle, à certains égards, la théorie des « deux corps du roi » développée par l'historien américain Ernst Kantorowicz[1] dans le cadre de ses travaux sur les monarchies de l'Occident chrétien entre le Xe et XVIIe siècle. Selon cette thèse, le roi posséderait deux corps : l'un mortel, soumis aux aléas de la vie terrestre ; l'autre immortel, dépourvu de faiblesses et incarnant le royaume tout entier. Il en va de même pour Federer : derrière le joueur mortel fait de chair se cache un mythe éternel fait de lumière.

La vie d'après

Federer semble moins préoccupé que ses fans par la suite des événements. Même si la famille du tennis lui manquera certainement, il se projette avec aisance dans sa vie d'après : « Avoir une fondation, avoir quatre enfants,

1. Ernst Kantorowicz, *Les deux corps du roi. Essai sur la théologie politique au Moyen Âge*, Gallimard, Paris, 1989 (*The King's Two Bodies. A Study in Medieval Political Theology,* Princeton Univesity Presse, 1957).

avoir des sponsors… tout cela va bien m'occuper. Je pense que ça se passera bien », confiait-il au journaliste du *Financial Times* Simon Kuper en 2019. Entre ses activités de philanthrope et de businessman, la reconversion du Maître est déjà toute tracée. Son agent Tony Godsick lui aurait dit un jour : « Tu réussis sur le court mais je te promets que tu réussiras encore plus lorsque tu arrêteras le tennis. » Quid d'une reconversion dans la mode ? on a vu qu'il avait déjà un pied dedans. Dans le cinéma ou la politique ? plus improbable… Mais impossible n'est pas Roger.

Et le tennis dans tout ça ? Federer certifie vouloir rester lié à son sport de toujours, « comme mentor de jeunes joueurs ou dans un rôle radicalement différent ». Antoine Benneteau l'imagine bien dans ce rôle de conseiller, « le même qu'Edberg, par exemple, joua pour lui ». Le voir s'investir dans les instances du tennis mondial est également une hypothèse plausible. Il jouera très probablement des matchs d'exhibition et pourrait aussi de temps à autre officier comme consultant TV de luxe. Dernière question : verra-t-on un jour un autre Federer sur les courts ? Les quatre enfants seraient-ils prêts à prendre la relève de leur père ? En 2009, Ladbroke, une société de bookmakers anglais, proposait une cote de 100 contre 1 si l'une des jumelles gagnait un jour

Wimbledon en simple et une cote de 200 contre 1 si elles remportaient le tournoi en double. Aux dernières nouvelles, Charlene Riva et Myla Rose Federer ne semblaient pas manifester un intérêt débordant pour la balle jaune. Les jumeaux Leo et Lenny auraient, en revanche, été davantage initiés à la pratique sportive. La relève familiale n'est quand même pour demain et il n'est pas certain d'ailleurs qu'elle soit souhaitable.

Enfin, qu'est-ce que Federer peut nous apprendre, au-delà du tennis ? À la fin de sa biographie, Simon Graf dévoile quelques leçons de vie que le Maître s'est évertué à appliquer et qui sont susceptibles de nous inspirer. Un éloge de la curiosité, un appel à la réinvention, une exhortation à la confiance en soi, une ode à l'instant présent, un plaidoyer pour la persévérance, un hymne à la joie… C'est un peu toutes ces « valeurs » dont Federer est le dépositaire et le messager aujourd'hui. Mais la plus belle morale de l'histoire federienne, c'est Arnaud Boetsch qui nous la livre : « Il touche ce qu'il y a de mieux en nous. »

Épilogue

***

À l'heure où nous écrivons ces lignes, Roger Federer a repris la compétition au tournoi de Doha après 405 jours d'absence. Ce retour, qui est déjà un petit miracle en soi, s'est soldé par une élimination au deuxième tour. Il est encore trop tôt pour tirer des enseignements mais l'impression d'ensemble est plutôt rassurante. La machine est encore un peu rouillée mais elle est toujours capable de fulgurances. Surtout, la joie de jouer, carburant du moteur federien, est restée intacte. Des centaines de milliers de fans à travers le monde étaient devant leurs écrans pour célébrer le retour du Messie. Dans les prochains mois, ils répondront à l'appel de chacune de ses apparitions, priant à chaque fois pour que ce ne soit pas la dernière.

Quelques jours avant sa reprise à Doha, Federer confiait avoir le sentiment que « l'histoire n'est pas encore finie ». C'est sans doute la plus belle réponse donnée à notre dernier chapitre. Et à vrai dire, la réponse que nous espérions. Le récit federien cherche encore sa conclusion et ce n'est pas ici qu'on la trouvera. Nous posons volontiers la plume pour laisser la raquette du Maître écrire le point final de l'histoire.

Alors que ce livre s'achève, il ne reste plus qu'une chose à faire : dire merci. Merci au champion qui a défié les lois de la statistique, au joueur qui a élevé le tennis au rang d'art et à l'homme qui a fait preuve d'exemplarité en toutes circonstances. Merci à tous ces Federer qui accompagnent notre quotidien sportif depuis plus de deux décennies, l'illuminent souvent, l'inspirent parfois. Merci, avec un peu d'avance, au Federer de demain dont l'engagement en faveur du tennis se poursuivra autrement mais avec la même passion. Merci, enfin, à cet infatigable voyageur qui nous fait découvrir des contrées inexplorées de son sport et de nous-mêmes ; à cet inlassable passeur de rêves qui, dans un monde en proie au désenchantement, continue à faire vivre cette idée un peu folle qu'il existe, quelque part, un ailleurs merveilleux où l'impossible ne l'est plus tout à fait.

Les mots sont-ils parvenus à explorer le mythe « RF » et à exprimer l'admiration qu'il suscite en nous ? Nous espérons que ces quelques pages y auront contribué, même si un peu de mystère demeure, sans doute. Chaque mythe doit garder sa part d'insondable et, peut-être, d'inachevé.

À la question « Que souhaitez-vous que les gens retiennent de vous ? » posée par *Le Parisien* en mai 2019, il avait formulé cette phrase magnifique de simplicité et d'humilité : « J'espère que les gens se souviendront de moi comme d'un bon gars qui a fait de bonnes choses sur le circuit. Que les gens disent que j'ai été exemplaire, que je n'ai pas seulement pensé à moi et à ma réussite. » On peut soutenir sans prendre trop de risques que la mission a été accomplie haut la main. Nous avons la chance de voir l'artiste jouer les prolongations sur scène. Profitons de ces derniers instants sans penser à la suite, savourons cette dernière danse avant que le rideau ne tombe pour de bon.

Le tennis est une *fête*, le tennis est une *Fed* !

Annexes

L'odyssée federienne en vingt dates

Comment résumer la vie de Roger Federer ? Dans une interview accordée à *20 Minutes* en 2019, Marc Maury, le « speaker » de Roland-Garros, évoquait la difficulté à condenser la carrière du Maître en seulement une minute trente. Il explique toujours commencer par les fondamentaux (sa date de naissance, sa taille) puis « passer tout de suite au palmarès parce que sinon on ne s'en sort pas… » À l'image des vingt tournois du Grand Chelem que Federer a gagnés, nous avons ici choisi de retenir vingt dates marquantes de son parcours.

1981 : naît à Bâle, en Suisse.
1998 : remporte le tournoi de Wimbledon Juniors.
1998 : fait ses débuts sur le circuit professionnel.
2001 : bat son idole, Pete Sampras, à Wimbledon.

2002 : perd son mentor et premier entraîneur, Peter Carter, dans un accident de la route.

2003 : remporte son premier tournoi du Grand Chelem à Wimbledon.

2003 : crée la Fondation Roger Federer.

2004 : devient numéro 1 mondial pour la première fois.

2008 : perd « le match du siècle » contre Rafael Nadal en finale de Wimbledon.

2008 : décroche la médaille d'or en double avec Stan Wawrinka aux Jeux olympiques de Pékin.

2009 : épouse Mirka Vavrinec et devient père de jumelles (Myla Rose et Charlene Riva).

2009 : triomphe à Roland-Garros et réalise le Grand Chelem en carrière.

2009 : dépasse le record de victoires en tournois du Grand Chelem détenu par Pete Sampras (14) après sa victoire à Wimbledon.

2012 : décroche la médaille d'argent en simple aux JO de Londres.

2014 : devient père de jumeaux (Leo et Lennart).

2014 : remporte la Coupe Davis avec la Suisse contre la France.

2017 : est sacré à l'Open d'Australie après six mois d'absence.

2018 : devient le numéro 1 mondial le plus âgé de l'histoire du tennis (36 ans).

2019 : échoue en finale de Wimbledon contre Novak Djokovic après avoir eu deux balles de match.

2021 : revient à la compétition après une double opération du genou qui l'a tenu éloigné des courts pendant un an.

Bibliographie

Notre bibliographie est présentée par type de source et par ordre alphabétique (nom).

Ouvrages généraux sur ou en lien avec Roger Federer

Laurent Binet et Antoine Benneteau, *Dictionnaire amoureux du tennis*, Plon, Paris, 2020.

Chris Bowers, *Roger Federer: The Greatest*, John Blake Publishing, Londres, 2011.

David Brunat, *Les Miscellanées du tennis*, Éditions Fetjaine, Paris, 2011.

Laurent Chiambretto, *Rodgeur forever*, Solar Éditions, Paris, 2019.

Philippe Delerm, *La Beauté du geste*, Seuil, Paris, 2014.

Patrice Dominguez, *Roger Federer : le virtuose*, Chiron, Paris, 2013.

Corinne Dubreuil, *Federer for ever*, Favre, Lausanne, 2018.

Valerio Emanuele, *Dictionnaire du tennis*, Honoré Champion, Paris, 2019.

Fabio Fognini, *Warning – La mia vita tra le righe*, Piemme, Milan, 2020, [« Ma vie entre les lignes », non traduit].

Simon Graf, *Roger Federer*, Kurz & Bündig, Francfort, 2018 [non traduit].

Mark Hodgkinson, *Le Maître Federer*, Marabout, Paris, 2019.

Roger Jaunin, *Roger Federer, L'homme de tous les records*, Favre, Lausanne, 2013.

Quentin Moynet, *Out ! Histoires dingues et décalées : Le tennis comme vous ne l'avez jamais lu*, Hugo Sport, Paris, 2020.

Rafael Nadal (avec la collaboration de John Carlin), *Rafa*, J'ai Lu, Paris, 2013.

André Scala, *Silences de Federer*, Éditions de La Différence, Paris, 2011.

Gilles Simon, *Ce sport qui rend fou*, Flammarion, Paris, 2020.

Thomas Sotto, *Une aventure nommée Federer*, Éditions du Rocher, Paris, 2018.

René Stauffer, *Roger Federer : La quête de la perfection*, Premium, 2012.

David Foster Wallace, *String Theory*, Library of America, New York, 2016.

L. Jon Wertheim, *Strokes of Genius: Federer, Nadal, and the Greatest Match Ever Played*, Mariner Books, Boston, 2010.

Romans

Arnaud Bertina, *Je suis une aventure*, Verticales, Paris, 2011.
John le Carré, *Un traître à notre goût*, Seuil, Paris, 2011.
Olivier Chapuis, *Balles neuves*, BSF Press, Lausanne, 2020.
Philippe Roi, *Comment j'ai couché avec Roger Federer ?*, Christophe Lucquin Éditeur, Paris, 2012.

Pièce de théâtre

Denis Maillefer et Bastien Semenzato, *In Love with Federer*, 2013.

Journaux / Magazines

Médias suisses : *Le Temps*, *Le Matin*, *RTS Sport, Tages-Anzeiger, Tribune de Genève.*
Médias français : *L'Équipe*, *Tennis Magazine*, *Eurosport*, *Le Monde*, *Le Figaro*, *Les Échos, Le Journal du dimanche, Le Parisien*, *GQ*.
Médias anglophones : *New York Times*, *Financial Times*, *Time, Forbes*, *FiveThirtyEight*

On mentionnera tout particulièrement :
Hors-série L'Équipe, *Federissime*, mai 2019.
Les Échos Weekend, *Federer l'enchanteur*, février 2017.
Entretien dans le bulletin spécial du Crédit Suisse, *Héros – Les moments magiques du sport*, juin-juillet 2012.

Tribunes

Alexandre Bompard, « Roger Federer, le feu sous la glace », *L'Obs*, décembre 2015.
David Brunat, « Philosopher avec Roger Federer », *Le Figaro,* « FigaroVox », 19 février 2018.
Philippe Delerm, « On ne joue pas contre Federer », *Le Monde*, octobre 2014.
Michael Steinberger, "*Roger Federer will always be the Greatest (Even if He's not)*", *New York Times,* janvier 2020.
David Foster Wallace, "*Roger Federer as religious experience*", *New York Times*, août 2006.

Documentaires

Andrew Douglas, *Strokes of Genius: Federer – Nadal*, 2018, 1 h 40.
RTS, *Les Années Federer*, 2018, 59 minutes.
RTS, *L'Année Federer*, 2017, 52 minutes.

Matthieu Solier, *Roger Federer, 20 ans de grass*, 2019, 1 h 03.

Radios / Podcasts

Philippe Collin, *Roger Federer, légende vivante du tennis*, France Inter, mai 2018.

Brian Clark et Vik Singh, *Game Federer*, 2020 [podcast revisitant les 20 titres du Grand Chelem de Roger Federer].

Raphaël Enthoven, *L'existence de Dieu est une preuve de Federer*, Europe 1, novembre 2016.

Sites / Statistiques

ATP, www.atptour.com, [compilation des statistiques des joueurs sur le circuit].

Table des matières

Entretiens et remerciements

***

Cet essai est une aventure collective, faite d'échanges passionnants et de belles rencontres.

Nous remercions chaleureusement celles et ceux qui ont répondu favorablement à nos sollicitations et qui ont contribué, par la qualité de leurs éclairages, à enrichir ce livre :

- Maxime Battistella, journaliste tennis sur Eurosport ;
- Antoine Benneteau, ancien joueur professionnel, coauteur du *Dictionnaire amoureux du tennis* et animateur du podcast *Échange* sur Eurosport ;
- Arnaud Boestch, ancien joueur professionnel et directeur de la Communication de Rolex ;
- Alexandre Bompard, président-directeur général de Carrefour ;
- David Brunat, philosophe et écrivain ;

- Arnaud Cerutti, journaliste sport sur la Radio Télévision Suisse (RTS) ;
- Gaspard Gantzer, ancien conseiller en communication de François Hollande à l'Élysée et consultant indépendant ;
- François Garçon, historien et enseignant chercheur à l'université de Paris I ;
- Noémie Issan-Benchimol, diplômée en philosophie et études hébraïques de l'École normale supérieure (Ulm) ;
- Anne Lenoir, journaliste chez Prisma Media ;
- Paul-Henri Mathieu, ancien joueur professionnel et consultant tennis radio/TV ;

Nous remercions du fond du cœur nos compagnes respectives, Isabelle Chataignier et Anastasia Simoniello, pour leur patience infinie, leurs conseils avisés et leurs encouragements réconfortants.

Nous sommes reconnaissants à Jean-Baptiste Mauvais et Pierre-Antoine Lachal pour leurs relectures toujours bienveillantes et pertinentes.

Nous savons gré à nos parents et nos ami(e)s fedelolâtres d'avoir partagé leur passion pour le Maître avec nous : Emilien Duboz, Franck Govindoorazoo,

Quentin Haroche, Fabrice Lecompte, Timothée Lemoine, Maxime et Quentin de Puyfontaine, Charlotte Rambaud, Geneviève et Rémi Vallois.

Enfin, nous remercions sincèrement Jean-Philippe Bouchard et les équipes de Solar qui ont cru en ce projet et nous ont apporté tout leur soutien.

SOLAR
EDITIONS

Direction : Jean-Louis Hocq
Direction éditoriale : Jean-Philippe Bouchard
Éditeur junior : Maxime Lafon
Corrections : Judith Levitan
Fabrication : Emmanuelle Laine

MIXTE
Papier issu de sources responsables
FSC® C003309

L'éditeur de cet ouvrage s'engage dans une démarche de certification FSC® qui contribue à la préservation des forêts pour les générations futures.

Pour en savoir plus :
www.editis.com/engagement-rse/

Achevé d'imprimer par
Normandie Roto Impression s.a.s.
61250 Lonrai
N° d'impression : 2101840

Imprimé en France